U0030784

從數字
探尋生命中巧合的答案
從數字中
找到自我學習的途徑

BORN TO LEARN

A guide to understanding ourselves and each other

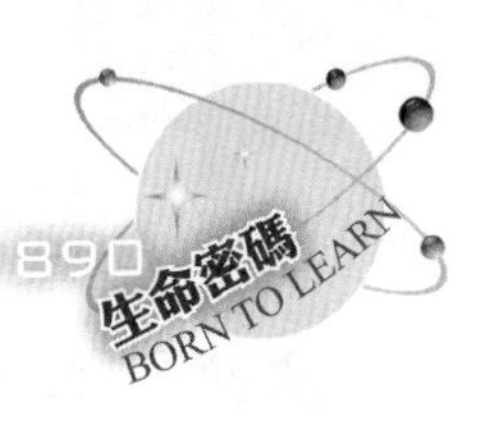

前言◀從數字開啟了解的大門

古希臘人相信生命裡最重要的事情就是了解自己，這個想法可能是古老的，但是並不過時。每個人都有屬於他獨特的才能、個人風格、情感……等等，如果你不知道什麼是自己的才能，以及什麼是自己所需要的，你不會知道要怎樣照顧自己，或是找不到一條帶你通往喜悅滿足人生的正確道路。我希望生命密碼就是一把能讓你更了解自己的鑰匙。

有些人認為找到屬於自己的號碼並開始運用它，就真的能了解自己，其實沒有那麼容易。生命密碼是一個過程的開端，裡面還有很多事值得你去發現和學習，畢竟大腦是非常複雜的。

生命密碼可以幫助你知道自己的個性、才能，以及弱點等等，它會激勵你發展自己，並且教你真正的照顧自己，換句話說也就是愛你自己。

改變前的難題

問題是，當你認真的嘗試過適合自己個性的生活前，要先通過一個很大的挑戰。

首先你會碰到的問題是，在你周遭的人可能不接受你想要改變的事。要解決這個問題，你必須先清楚知道什麼對你是最重要的，然後做一些堅定的決定，之後將會有一個更困難的挑戰，那就是你會發現自己的大腦可能也試著想阻止你想要的變化或決定。你被教育的模式、父母對待你的方法，還有你人生所有的經驗造就出今天的你，試著改變你的人生，可能是意味著要去反抗那些你曾經相信並已經習慣的生活方式。

你可能知道自己需要做些什麼，但當你真正執行，有時卻是行不通的。例如當你想減肥的時候，或許跟大多數人一樣以節食的方法減輕體重，但你會發現，即使體重真的減輕了，一旦恢復正常的飲食方式，你不只會恢復原來的體重，還有可能比節食前更重。其實正確的解決方法不只是節食而已，而是要研究出自己的體質應該吃的食物，以及找出身體為什麼喜歡停留在這個過重的體重，然後改變這個心理

上的衝突。

舉例來說，會造成大腦希望你是肥胖的原因很多。就像是曾經被嚴重性騷擾的人，他們可能潛意識裡喜歡自己是肥胖的，可以減少自己給別人的吸引力，這種肥胖其實只是想要保護自己避免再次受到騷擾，除非能改變大腦裡的這種潛意識，不然減肥是不會真正成功的。

另一個例子是，當小朋友很乖的時候，我們經常用糖果、蛋糕、冰淇淋等甜食為獎勵，這個方法會讓大腦認為吃甜食就等於有被愛的感覺。事實上，任何一種食物和愛之間都不會有連結，被愛的感覺只是一種幻想，我們都知道甜食是很容易造成肥胖的，當生活越艱苦，你就需要吃更多的甜食，這個方法保證當你變老，你將變得更肥胖。如果你不能改變甜食以及被愛之間的連結，就很難減輕並維持體重了。

這些類型的心理衝突，可以被發現在任何一種實際的情況裡，他會讓你在兩性關係中不能和諧，病情恢復緩慢，不容易賺到錢，阻礙自信的發展，或是任何一種想改變基本生活的事情。想要擺脫他們並沒有那麼容易。要分析心理上的衝突就像剝洋蔥一樣，每當你剝去一層時，會發現更多的衝突還在阻止你前進。

從身體和心理齊頭並進

當你越致力於把事情變為「愛你自己」，必須要越了解自己。除了要解決心理的衝突以外，你還需要了解身體和心理的連結。

身體和心理是非常親密的結合，他們是對方的一部分，當你改變一方，另外一方也會產生變化。

如果你把呼吸放慢，你的心情會自然放鬆，在精神上也會變得更清爽，更有自信和愉快。如果你吃巧克力、喝牛奶或者吃小麥製品，會產生相同的感覺，那是因為它們在你的大腦起了一些化學變化。

要真正的愛自己，並做一個真正的自己，過著想要的生活，不僅在心理的層面，還要了解自己的體質以及營養對你的重要，這個包括所有關於個人的需要和各種不同的生活方式：什麼食物對你最好？你需要什麼樣的運動？如何提升自己的睡眠品質？以及數以百計的其他因素。

也許你認為知道所有關於健康的訊息，將使你在有生之年常保健康，但是這還不夠。你的身體一直在改變，因為你的年齡逐漸增長，荷爾蒙會隨之減少而使肌肉量也跟著減少，在骨頭方面也會有變化，你對食品的敏感度也會改變。

例如，一個年輕人吃了劣質的食品可能感覺還不錯，一個中年人將會感到胃痛難消化和疲倦，而一個更老的人可能因此中風！想要在有生之年保持身體健康需要不斷增進知識，才能隨時有最適當的調整。

直覺力的發展

沒有一種科學檢驗能像直覺力般了解自己，它能幫助你的事情遠比你想像的更多，除可幫助你了解自己的身心外，也能成為未來生活的一個嚮導。

在生命密碼裡，我們將討論怎樣計算生命週期，但這只是一個開始。除了這些模式的循環以外，你必須為每天發生的事立刻做出決定，你必須知道什麼樣的機會是有利於你？以及哪個是需要避免的？你需要知道誰是可以相信的？還有哪一個人是必須注意的？需要知道行動中的哪個計畫是安全的？哪一個是危險的？而這些問題只能透過直覺力的發展來回答了。

如果你認為世界上沒有直覺這回事，那你就錯了，記得愛因斯坦曾經說過，唯一真正有價值的事就是「直覺」，大多數科學理論在還沒有透過邏輯分析取得之前，科學家是透過感覺來找答案，它也許是一個夢境，或是一個奇怪的巧合，或者是在其他無法解釋的事件上找到答案，這也包括他發現的方程式 $e=mc^2$。

發展直覺力的方法有很多，但是生命密碼是最好用的工具，因為在學習同時，你還可以提高自己對事物的敏感度，你越認識自己，就越能注意到任何事情的改變，不論是在心裡還是身體之外的四周環境改變，當你能注意到這些細微的變化時，你就會有超強的直覺力。

CONTENTS

CONTENTS

41291874125287184341291874125287184120528412

開場白

古代的人相信事出必有因，無所謂巧合。生死有命，吉凶貴賤、聰明駑鈍皆非偶然。時至今日，越來越多人相信老祖宗所言不虛。

現代科技提供一些令人振奮的新證據，證明古人的想法確實有道理。我們現在知道人體的能量可產生磁場，它和環境的磁場交互作用。這種作用如影隨形，時時在發生，因此我們和環境產生了不可見的關聯，藉此關聯，我們可以影響周遭的一切。這不是巧合。我們的思緒和感受在在改變身體的能量，影響周遭的環境，我們的每一次呼吸都牽動宇宙的運行。

因此，下次你遺失物品、意外受傷、遇見老友或認識新朋友，別當成是偶發事件，就此拋諸腦後，更別說這只是巧合，這些事件和你的磁場牽引有關，說明了你的能量處於何種狀態，甚至牽連更多。

記住這點之後，請努力了解這些看似巧合的事件背後的意義。第一步是了解能量互動的物理定律，其中最基本的一種是磁力。磁力吸引金屬，尤其是鐵。磁力讓我們一窺能量互動之堂奧。磁力有陰陽兩極，同極相斥，異極相吸。

每一種能量都有兩極，同性相斥，異性相吸。光也不例外，偏光太陽眼鏡即是利用這種原理和一層特殊薄膜阻絕部分紫外線進入眼內。人體的能量也一樣，會吸引和排斥某些事物。這項認知彌足珍貴，試想你若能產生正確的能量，吸引夢寐以求的職業、愛情、讓身體永保健康，該有多好。最妙的是你不必費力去求，他們會受能量發出的頻率吸引，自動投入你的懷抱。你的一生就像永遠鴻運當頭，無往不利，不想成功都不成。

如何辦到呢？基本要點是建立一種生活型態，使身體自然產生某種能量而使心想事成。但是身體的極性遠比磁鐵的南北極複雜。身體的振動和極性的種類、程度各有不同。整體產生的效果才能發揮作用。

能量導正之後，力量也要恰當，因為能量互動的形式中，最重要的因素就是強度規模。唯有力量的等級適切，我們盼望的事情才會發生。

第一步驟：研究人類的身體和心靈

一旦我們發現人生的意義和方向，仍需要學習如何掌控能夠影響我們能量層次的所有其他因素。

這裡我們藉由「健康金三角」來精簡這個主題，下面的三角形是代表三個決定我們身體能量層次、健康層次和甚至我們老化過程速度的因素，它們分別為心理（快樂和自我了解的層次）、飲食（我們吃進身體以維生的東西）和生理（我們必須保持健康所做的事情）。

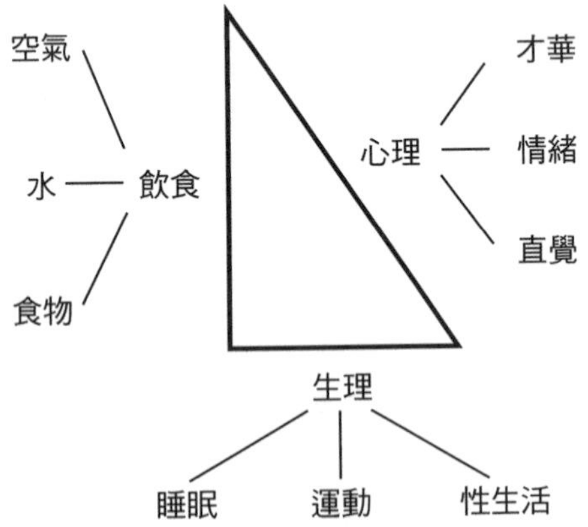

心理 — 才華、情緒、直覺
飲食 — 空氣、水、食物
生理 — 睡眠、運動、性生活

每個因素都相互影響和產生作用，來決定我們免疫系統能力的能量，使我們保持年輕有活力和健康。一旦你了解這個觀念，便必須學習如何直接與潛意識溝通，設計適合自己的生活方式。但這需藉由學習開發你的直覺力來完成。

第二步驟：開發直覺力

直覺可運用在許多方面，為了控制能量、控制生命，你必須開發所有類型。直覺力的開發必須經由學習身心靈溝通的技巧才能開始。這種方式能夠讓你辨認出自己個別的需求，以便增強能量的強度，包括什麼思想和感覺是愉快的、什麼食物可能是最好的、選擇過什麼樣的生活、什麼色彩是最棒的、你的生理需求為何、你的運動需求為何、你對睡眠的要求為何、什麼樣的房子最好、該住在什麼樣的城市，以及該如何掌控你生活中的其他面向。

開發直覺力的下一部分是了解那種無法看見的隱藏能量如何影響生活，而這些能量又如何的互動及創造出巧合事件。由於我們知道沒有一件事情的發生是純粹的巧合，而生活中每個事件的經驗和改變都有珍貴的意義待我們去查覺，為了創造出能夠帶領我們夢想成真的能量，就必須學習如何解釋巧合的意義。

第三步驟：學習解讀巧合的意義

巧合隨著能量的變化而產生，既然環境和身體的能量互動牽引，而且每一樁巧合和改變背後都蘊含意義，當然具有解析價值。解析巧合的意義可使我們深入了解身體產生的能量是哪一種，而強度又屬哪個等級，才可以調整自己，修訂計畫和想法，趨吉避凶，吸引成功到來，用不著再杞人憂天，悽悽惶惶於未知的將來。視巧合為預兆及人生旅途的指標，即可自我領航，引導人生朝幸福的道路前進。

閱讀完本書後，你可能會發現有些問題是無解的，並讓你有興趣學習更多的相關知識，這也就是你需要尋求個人化訓練的時候。過去幾年來，我在亞洲、希臘和日本沖繩辦過多場的巡迴研討會，如果你有興趣得到更多的資訊，你可以透過出版社、網站 http：//drlenis.com.tw ，或信箱drleniscontact@gmail.com與我聯絡。

第1章 生而學習

人的誕生究竟是偶然的奇蹟還是上蒼的旨意？或者兩者皆是？大哉斯問。人們恆常渴望了解生命的奧祕、人生的課題，以及課題存在的目的。

可我們呱呱墜地時身無寸縷，並沒有什麼手冊或指南隨身，說明我們降生的原因和人生的目的，但是上帝以其無窮的睿智早有安排。因某種巧合，無需任何手冊指點我們該如何走過這一遭。一切玄機自我們出生那天即次第展開。

從那天開始，我們的人生道路受到諸多因素的影響，例如父母的為人和教養之道，出生的地點，以及我們選擇的生活方式等。有些人認為這類的環境因素決定了我們的一生。

這種看法或許有幾分道理，但是人生禍福難料，最料想不到的事情卻最有可能在眼前發生。比方說，有的人先天條件和環境優渥，似乎一生不愁吃穿，結果往往潦倒以終；有些人家境清寒，卻能衝破橫逆，力爭上游。這些例子不禁令人深信，冥冥之中確有未知的事物左右我們的人生。有些人認為，反正命運使然，根本沒有機會選擇，因為命運已經注定，憑人類的力量無法與之抗衡，該來的總是會來。如果有人功成名就乃是命中注定；若有人因意外而傷殘或罹患絕症，也是命該如此。因此，人若失敗不需要怪誰，只能怨歎萬般皆有命。這種想法是否有道理？真的有所謂「命運」嗎？

古人認為出生並非巧合，人的生年時辰已決定了他的性格和未來的命運。直到今日，許多現代人對占星術和生命密碼等預卜命運的方法也都深信不疑，對可能存在的命運充滿好奇，而且投注很多的時間和心血希望能未卜先知。

現代科學斥算命為無稽之談，認為生年時辰沒有什麼特別意義，人人生而平等，而且出生的時辰並未造成多大差異。我們初生之時猶如一張白紙，經由教育和人生歷練而烙下痕跡。的確，科學的解釋有些道理，人格形成於幼年期，所有的人生經驗都會使我們的性格有所改變。問題是，除了這些之外，是否還有一股隱形的力量在幕後操縱呢？

為人父母者，泰半會同意，每個孩子先天上的差異左右了他們的人生。他們並不認為每個孩子都一樣，孩子的個性因遺傳基因不同，性格和氣質也各具獨特性。例如有些孩子天生脾氣好，有些則脾氣暴躁；有些人熱愛藝術，有些則偏好科學。假若每個孩子性格天生與他人不同，是否為命運使然？命運和基因是否有關？基因是否決定我們具有何種性格和才能？基因影響我們的喜好，繼之影響我們的決定，人生的歷練又修飾了我們與生俱來的性格。這個說法比初生兒如白紙的理論更接近事實，而且由來已久。

Dr.Lenis小語

生命密碼代表了什麼？這裡我要用兩種方式來解釋它。第一個代表因為你出生在特定的某一天，所以你就具有某些特別的性格，也就是特質。另一個是，當我們描述有關自己的一切時，生命密碼會產生足以影響我們的力量。第一個說法聽起來有點迷信，不過要解釋為什麼同一天生日的人，個性上卻有很大的不同是很困難的。但是後者的解釋就比較容易說明了。生日數字會帶給每個人不同的影響，而在生活周遭出現的其他數字則可能加強或減弱生日數字所帶給每個人的影響。

何謂生命密碼

紀元前五百八十年到紀元前五百二十年之間，希臘哲人兼數學家，也是數學之父的畢達哥拉斯（Pythagoras）已傳授一個類似的概念。畢達哥拉斯認為數字具有精神上的意義，可以揭露萬事萬物背後的真理。他發明了一門藝術兼科學，稱之為生命密碼（Numerology，也就是占數術），藉數字來詮釋人生意義。

畢達哥拉斯的理論是：加以「解譯」與我們切身相關的數字，如生年時辰，即可明瞭我們性格的優缺點和與生俱來該學習的課題。按照畢達哥拉斯的說法，天生的性格會自動牽引我們學習命定的課題。人生之成敗也繫於我們是否學會了該學的功課。

畢達哥拉斯認為美好人生之前提，是發掘人生的課題到底是什麼，發揮優點，改進缺點。為了幫助眾人，畢達哥拉斯創立了一所神祕學院，專攻生命密碼並推廣其理念。這個學派的目的是幫助人們了解命運，說得更精確一點，是了解自己誕生世間究竟該學習些什麼，以成就和諧人生。

如果真如畢達哥拉斯所說，我們都有命定的課題該學習和獨特的天賦，為何

天才橫溢的人卻如鳳毛麟角?為什麼芸芸眾生勞勞碌碌卻迷失其中?為什麼只有少數孩子清楚自己未來的志向是什麼?如果我們真有獨特的天賦,難道自己都不知道嗎?問題的癥結就在當今的教育制度。

當今教育制度認為人生下來只是一張白紙。授課內容全無二致,老師極少或根本不曾費心去發掘學童的潛能,我們只能默禱他們的天賦,有朝一日能遇見伯樂並獲得栽培。

教育制度的另一個問題,就是它有某種「自然淘汰」的現象發生。學童的天賦若是符合社會需求——如醫生、律師、工程師——較有可能得到發展。反之,若是學童的天賦不怎麼符合市場需求,如藝術家、音樂家、詩人等,那麼發揮天賦的機會就微乎其微,就算天公巧安排讓他們有機會發揮,日後也很難找到餬口的工作。在這個重視金錢的現實社會中,他們往往得放棄夢想,以謀生計。

這種學非所長,人未盡其才的情況亟需改變。如果因材施教,每個孩子是否都能發揮潛能?若果真如此,現今的教育制度無疑扼殺了百分之九十九學童的天賦。

如今越來越多人開始質疑傳統的教育制度,並否定其所認定的「白紙」論調。

新的理念認為每個孩子都有潛能，施以適當教育或可將其天賦發揮到極致。學校之職責應為幫助學童發掘己身之天賦並琢磨成器。學童知道自己的特長，能引以為榮並對自己滿意，進而建立自信。現代人最欠缺的就是自我肯定。

回想一下自己的童年，你上學最喜歡做什麼？你最能發揮的興趣是什麼阻礙了你繼續培養它？你認為班上同學的資質都與你相同，還是因人而異？憑良心老實思考後，你或許會贊同新的教育理念，認為人人都有不同的潛能，好像生下來就注定做某種工作似的。聽起來很像古代的宿命論調，只是現代所謂的宿命，是將與生俱來的天賦盡情發揮。

想像一下，學校若採行新的教育理念，該有多不一樣！首先，老師會觀察各個學生的特異資質再因材施教。學生因被尊重而懂得自我欣賞並建立自信。繼之，從人盡其才的成就感中，更能體會人生的真諦，自工作中獲得成就感，過著幸福美滿的人生。只要我們謹記天生我才必有用，不斷讓自己的專長璀璨發光，幸福充實的人生即在眼前。

全面實踐這樣理想的教育或許還很遙遠，但我們不需守株待兔，可以立即從自

我教育著手。我們可以教育自己去發掘潛能，一展長才，但首先必須明白人生之目的何在。

人生之目的

很少有人懂得生命為何存在，而人生又該成就些什麼，因為我們為日常瑣事所困，忘記了人生苦短，每一秒鐘流逝，我們就更接近死亡。如果人生有什麼事情是肯定的，那就是：人皆有死。世間一切皆是身外物，生不帶來，死不帶去。誠如中國人所說，富貴如過眼雲煙。既然一切皆如過眼雲煙，人生是否便無意義？沒有人能百分之百的肯定答案為何。人人理念各有不同，隨他愛信什麼就信什麼，但是他的選擇會影響他一生。既然我們可以自由選擇人生之目的，就應該選一個可以使人生較幸福的目的。其實大多數人的目的皆是如此，只是不自知罷了。

不論是多賺點錢也好，求治病良方，少痛苦多享樂也罷，人人都在追求幸福的生活。問題是人多半不知道如何追求，連該如何著手才會發財都一無所悉。他們不明白哪一種生活比較幸福？發財是解決難題還是惹禍上身？換份工作是否會比較快樂，或者一樣挫人心志？換個戀人是否比較順利，或者感情又會再度亮起紅燈？

你得先明白人生之目的才能回答這些問題。大多數人所謂的「人生目的」不外乎是過幸福的生活，問題是該怎麼做才能達到目的？人生要幸福只有一個訣竅——知識。我們終其一生都在汲取使人生幸福的知識。如果人生之目的僅止於外在事物之追求，如金錢、美貌、名利、愛情、權勢等，沒有人敢打包票說你達到目的之後，一定幸福又快樂。幸福之不二法門即是：追求使人生幸福的知識，知識之路無他，以學習為終生目標即是。

你若認真思索會發現，生活逼使我們學習。學習能力之強弱關乎生死，生活的壓力迫在眉睫，不學習就是死亡。學習就是適應環境，解決生活困難。人類因具有學習能力而優於其他生物。學習之重要性，決定了我們一生是貧是富、是憂是喜、是病是健康。

此話怎講？因為人生經驗之累積來自個人的抉擇，我們選擇悲或喜、勤或惰、成或敗、養生而健康或疏忽而致病。生活的型態即是一連串選擇的結果，我們不能將生活中的不如意怪罪他人，因為一切都是自己決定的。

既然生活的一切全取決於我們的選擇，那非得有知識為後盾才能做正確的決定，開放的心胸才能獲得知識。開放心胸的第一步是認識學習之重要，視之為人生的主要目的，這是實現人生之目的的唯一方法。選擇了人生以學習為目的，人生便無時無刻在學習，生活也因此變得充實精采。

以學習為目的之人生將充滿刺激和滿足，錯誤給我們新的體認，是學習的好機會，因此不應以犯錯為恥，只要從中記取教訓，不重蹈覆轍，犯錯也間接幫我們達成人生以學習為目的。

Dr.Lenis小語

即便有些人因為不同的算法，而有幾個不同的出生日期，例如農曆的、陽曆的，甚至正確的、晚報的生日（有的父母會延遲登記出生日期），生命密碼仍是有所助益。要有最準確的答案，便是知道周遭所有數字會帶來的影響。

學習的方法

傳統學校的教育方式並沒有教導學生學習的方法，反而強調記憶力，但學習和記憶之差異豈能以道里計。學校僅補充事實與數據，要求學生強記以通過測驗。這種只重記誦的方式無助於學習。缺少了教導如何學習的課程，我們怎麼懂得學習的方法呢？

學習之竅門在於發問。發問，是世上最強大的力量，如果懂得運用，即能任我們差遣。古希臘人以發問為哲學和科學的基礎，造就了今日之科學和藝術。發問是一切問題的解答。遺憾的是，學校並未在我們求學期間訓練我們發問的技巧，僅有大學的某些哲學課程提及。

學齡前兒童是學習的專家，因為他們不斷以提出問題的方式來學習，這點和古希臘人不謀而合。兒童老是問個沒完沒了，唯有父母回答得厭了或不知怎麼回答時，他們才會住口。許多家長不但不鼓勵這種天生的好奇心和學習能力，反而叫小孩子閉嘴，甚至毆打他們，令他們屈服。這全是家長自私又懶惰的結果，他們寧可要片刻的安靜也不願幫助孩子發展學習技巧。學校和家長不知不覺扼殺了孩子的學習能力，要求孩子在家和學校都要保持安靜，以致孩子不喜歡學習——其實是不喜歡問問題——因為發問等於自找麻煩。

孩子入學之後變得更困惑，因為學校一方面希望他們充分運用自然的學習能力，但同時又希望他們壓抑天生的好奇心，把安靜當成守規矩。換句話說，老師盼望學生控制發問的行為，方便老師教學。

老師不曾教導學生如何發問，也不容學生質疑教學內容，學生太好問會令老師不快。在課堂上發問的是老師，不是學生。老師要學生學習卻又不要他們發問，好像希望飛機不靠翅膀就飛起來一樣。學童被迫只能發展記憶力。最後學童如洗腦般認為，學習即是記憶一些細節，真是錯得離譜。

記憶歸記憶，學習歸學習，不可完全互相替換。電腦能記憶，卻無法利用儲存資料創新，因為電腦只會遵照指示，沒有學習能力。擁有自由發問的空間和技巧並尋找解答，才是學習的基礎，也唯有如此才能發展學習技巧，牢記學習的成果。除此之外的方法都不算真正的學習。

真正的學習過程一旦受到阻礙，便會逐漸失去發問的能力，大腦的功能也開始退化，我們便會成為傀儡，任人操縱。

鼓勵發問或改進發問技巧是比較自然、比較有建設性的教育方法。學校應訓練學生的發問技巧，「讀、寫、算」這三個教育重點應改成「讀、寫、算、問」。如果學生懂得學習的正確方法，他們就會樂在學習，因為學習很快樂。

如今的教育制度既不自然又缺乏效率，我們不能坐視不管，應該立即採取行動。解決的辦法就是：做自己的老師，勿執著於外物，才能有效率；保持開放的心胸，懂得變通，如果改變能改善自己，就要樂於改變；以個人成長為目標，並且經常向自己發問。必須終身不斷學習，才能化失敗為轉機；自錯誤中學習，才能跳脫現代社會加諸在我們身上的負面模式，這是通往幸福人生的必經之路。

我們上學的時候知道自己念幾年級，上哪些課，人生也是如此，只是學習的地點不限於課室。而且人人都有資格念「人生」這所學校。在這所學校裡，每位學生的班級皆不相同，有自己的私人教師——他自己——也有個人該學的課程和該通過的測驗，不再是大班級中一個面目模糊的學生。

知識的三個層次

古希臘人認為知識的層次有三。第一個層次是閱讀而來的知識，你了解其為真，卻無實際經驗，只是知道而已，是種二手的知識。

第二個層次是親身的體驗。第一個層次好比閱讀駕駛說明，第二個層次則是親自開車上路。第二個層次的知識來自運用所學，知道並且能做到。

第三個層次的知識乃是深入了解並徹底考驗過。你開始對學得的知識或第一手的經驗有更深刻的認識。這個層次的知識較形而上，因為你已融會貫通，可以直接自性靈深處自我進階。至此你已可獨當一面，大可再進修更高深的學問。

據說第三層次的知識只能意會，不能言傳，與佛家所言的頓悟相同，唯有親身體會才能得知。

算出自己的基本命理——命數與靈數

自我了解是件無價之寶，明白自己的弱點即可著手改進，如此可使學習更輕鬆、更快速，以利於追求更深奧的道理。了解自身命運的方式很多，你不需要特別的技巧或信奉某個宗教，最簡單的方法就是回想你童年時的夢想。你最喜歡而且最拿手的是什麼？然後分析自己喜歡的原因。

比方說，如果你喜歡音樂，是因為想向演奏技巧挑戰，還是因為音樂令旁人開心？如果是喜歡挑戰，表示你擅長分析，因此你的命運與研究和分析有關。如果因為音樂可以娛人，表示你有治療他人的天分，將來可朝醫療方面發展。

這個簡單的例子只是諸多自我分析法之一，但問題是，很多人早已遺忘他們小時候喜歡做什麼，以及為什麼喜歡了。因此我們需要另尋他法，探討我們該生而學習的課題和該發展的天分。

自我分析法中最令人驚異的，莫過於古希臘人於兩千五百年前創立的生命密碼。當時畢達哥拉斯自埃及和一些東方國家遊學歸國，在西西里創立了一個學派，他的門生必須學習數學和生命密碼達五年之久，而且五年之中不得開口說話。門生必須吃齋並接受輪迴之說。畢達哥拉斯的哲理和佛教、道教，以及其他的東方學派近似，後三者皆認為人生之目的乃在追尋宇宙和人生的真理，而這個真理即是人生幸福健康之鑰。

如今，畢達哥拉斯學派雖已不存在，幸而學理尚未完全失傳。現代生命密碼能藉生年時辰的簡單運算，揭示該學習的基本課題。生命密碼告訴我們該學習什麼課，弱點何在，該發揮哪些天賦以求美滿幸福的人生。

Dr.Lenis小語

不同的數字出現，代表你會受兩者以上的數字所影響。曾有一位朋友他的陽曆生日所算出來的命數是6，而由農曆生日所算出來的命數則是5，有趣的是，這位朋友並不認為自己像命數5或命數6所描述的特質，不過當兩者所描述的特質結合在一起時，就跟那位朋友的個性非常吻合了。

請運用下列公式推算出自己的基本命理。首先，寫下你的出生年、月、日，再將年、月、日的各個數字相加。

我將例1.1總和之兩位數33稱之為「靈數」（**spiritual talent number**，或稱天賦數），此數代表個人的天賦長才，因此極為重要。這兩個數字會揭示我們隨著年齡成熟而表現出來的天賦。我們越成熟，個性越圓融，越才華洋溢。靈數代表我們心智成熟，靈性提升時所呈現的才氣。但這些天賦不是我們需要學習的主要課題。

需將靈數的數字相加，才能得知主要的課題是什麼。繼續剛才的例子，3＋3＝6，因此主要的課題可由6這個

例1.1

甲生日為1958年2月26日

計算如下：

年 1＋9＋5＋8＝23

月 0＋2＝2

日 2＋6＝8

再將三項的和相加：

8（得自日）＋2（得自月）＋23（得自年）＝33

3＋3＝6

數字看出，此數稱之為「命數」，因此甲的靈數是33，他必須學習的課題命數是6。

在例1.2中，乙的命數亦得出6（2＋4＝6），和甲（33／6）需學習相同的課題，差別在於提升靈性時，兩人接收天賦類型不同。靈數／命數分為33／6的甲可獲得無窮的創造力和治療能力，而靈數／命數為24／6的乙則能幫人分析問題並帶給他人安全感。

再試舉數例如下：

在例1.3中，得出丙靈數37，命數1。

數字0表示將數字1的天賦精神層次提升

例1.2

乙生日為1991年11月2日

計算如下：

年 1＋9＋9＋1＝20

月 1＋1＝2

日 0＋2＝2

三項和相加得靈數：2＋2＋20＝24

總和之二位數字相加得命數：2＋4＝6

了，意即丙應運用天賦造福他人，如果丙自私自利，人生將坎坷難行。每當靈數出現0，表示該人士必須為人類謀福利，才能功成名就。

1＋0＝1尚有其他組合：

從例1.3到例1.5中，三個人的人生課題都是1，但各人的潛能不同。丁（1＋9＝10，1＋0＝1）有本事逗他人開心，減輕他人負擔，輕輕鬆鬆激發出他人最好的表現。戊（2＋8＝10，1＋0＝1）善於關懷他人，展現財經專才和締造事業。

例1.3

丙生日為1967年6月17日

計算如下：

1＋9＋6＋7＋6＋1＋7＝37

3＋7＝10

1＋0＝1

生命靈數為37

命數為1

例1.4

丁生日為1970年10月1日

計算如下：

1＋9＋7＋0＋1＋0＋1＝19

1＋9＝10

1＋0＝1

生命靈數為19

命數為1

例1.5

戊生日為1957年11月13日

計算如下：

1＋9＋5＋7＋1＋1＋1＋3＝28

2＋8＝10

1＋0＝1

生命靈數為28

命數為1

例1.6

蘇珊生日為1960年3月10日

計算如下：

1＋9＋6＋0＋3＋1＋0＝20

2＋0＝2

生命靈數為20

命數為2

例1.7

彼得生日為1955年11月7日

計算如下：

1＋9＋5＋5＋1＋1＋7＝29

2＋9＝11

1＋1＝2

生命靈數為29

命數為2

再依公式計算下列生辰數字。

在例1.6與例1.7中，蘇珊和彼得兩人的命數同為2，但隨年月增長，兩人之天賦即顯示出差異。蘇珊（20／2）擅長藝術與寫作，彼得（11／2）則天生有教學與領導的能力。

以下再提供一些例子給讀者參考比較。

例1.8

約翰生日為1957年11月15日

計算如下：1+9+5+7+1+1+1+5=30

3+0=3

生命靈數為30

命數為3

例1.9

瑪麗生日為1980年4月27日

計算如下：1+9+8+0+4+2+7=31

3+1=4

生命靈數為31

命數為4

例1.10

貝蒂生日為1970年3月20日

計算如下：1+9+7+0+3+2+0=22

2+2=4

生命靈數為22

命數為4

例1.11

海倫生日為1952年12月3日

計算如下：1＋9＋5＋2＋1＋2＋3＝23

2＋3＝5

生命靈數為23

命數為5

例1.12

尼克生日為1989年10月6日

計算如下：1＋9＋8＋9＋1＋0＋6＝34

3＋4＝7

生命靈數為34

命數為7

例1.13

麥克生日為1958年1月2日

計算如下：1＋9＋5＋8＋1＋2＝26

2＋6＝8

生命靈數為26

命數為8

例1.14

比爾生日為1964年4月12日

計算如下：1＋9＋6＋4＋4＋1＋2＝27

2＋7＝9

生命靈數為27

命數為9

以上各例僅為一些可能的數字組合，不論總和是多少，一定要相加至只剩個位數1到9。得出自己的靈數和命數之後，即可查閱下一章說明的部分。如果你的命數為10、11、12，此三數具有特別意義，不可不知。

真有輪迴之說？

畢達哥拉斯認為生命不因死亡而終結，人乃是為學習與改進自己而生。死後我們自我改進的程度將受到評判，新的生命將據此程度開始，繼續研習必修的課題。

奇怪的是，任何生辰數字相加，得出的總和絕不超過12。因此12被視為完整之數，一年十二個月，人分十二個星座，一天二十四小時，其實是十二為算。

某些形式的生命密碼認為共有十二種人生課題，每一課都要學得精的話，得花好幾輩子的時間，但總共只須修完十二課即可。這種理論很有意思，但所有數字相加，到最後所得之數永遠只有1到9，因此10、11、12可視為較高深的課題。

最特別的數字當推12。據說12數的人靈魂較老，有時給人歷盡滄桑、睿智過人的感覺。他們臉龐往往比實際年齡看來蒼老。我曾見過一位12／3的孩子，才十歲即已生華髮。

我有位12數的女性朋友可為明證。她十八歲那年忽然決定做一位畫家，於是她出門買妥作畫所需之材料，數日內即完成了好幾幅傑作。她在這之前並未接受專業的繪畫訓練，其作品卻立刻令人驚為天才之作，並得到經紀人的賞識，享譽國際。這份突如其來的天賦莫非如同畢達哥拉斯所言，是另一世培養而來？

生命密碼提出了輪迴的可能性，就算一般人不相信輪迴之說也無所謂，仍然能自生命密碼中獲益。其實不相信輪迴可能還對我們有好處呢。

有些人利用輪迴之說逃避責任，不把握現在，力爭上游，卻拿輪迴做偷懶的藉口。他們認為反正還有下輩子，今生不必太辛苦；不然就是將今生的問題歸咎給

上輩子造的孽。既然種下這樣的果無法改變，他們也懶得再追究問題其他的可能成因，只有默默承受，因為這是他們的命，他們一定要清償前世的業障才行。這種想法很不健康，因為使人消極，不願創造更美好的生活。

比較健康的做法是解決今世的問題，不要去想前世的因。把眼前看得到的理清頭緒，看不到的前世暫時放在一旁。自錯誤中記取教訓，建立正確的人生觀。毋論人生困境多麼險惡，如何因應全存乎一心。杯中水是半滿還是半空，由自己決定。如果輪迴之說有礙健康的人生，最好還是別信。

輪迴的理論宣稱殺生即是造業，而且會延續到下一世，要飽受折磨，才能消除前世的業障。佛家認為多多行善或遁入空門可以消除業障，藉著打坐修禪才有可能放下包袱，脫離輪迴的苦海。

生命密碼的觀點較為積極、有彈性。死亡的痛苦將一切錯誤一筆勾消，除了靈的修為之外，什麼都不會延續到下一世。

靈魂在每一世的修為和學習到的經驗會帶到下一世。這一世沒學到的，就成為下一世的挑戰，前世知識不足的部分，形成今世的問題，同時也成為學習的契機。

今世沒學成的，來世還得要繼續，好像學校功課不及格必須重修一般。欲修滿人生課題，以跳脫生生世世的輪迴，就必須把握今世多學習，讓靈性盡量提升。

Dr.Lenis小語

如果出生只差幾秒的兩個人，人格特質是不是就會一樣？如果從數字的顯示來看，是如此沒錯，不過即便是雙胞胎，也會有很不一樣的特質。因為他們雖然會受到相同數字的影響，但仍會努力去找出本身的特性，這導致每一對雙胞胎會被所屬數字所影響，而出現個性極端相反的狀況。比如說，你可以發現一對擁有屬於數字1的雙胞胎，一個是非常的獨立又自私，另一個卻很依賴但很願意分享。

與宗教信仰相悖？

許多人認為輪迴的觀念與其宗教信仰相違背，這麼想也無妨，因為另有一個理論可以說明生命密碼的實用。如果你認為每一個小孩出生都是全新的軀體，全新的靈魂，而非同一個靈魂一再投胎轉世，生命密碼依然說得通。

根據這個說法，人的出生是偶然的，沒有特別的理由，然而一旦降生到世間，

即受到切身相關的事物所影響。例如姓名能影響性格是眾所周知的，許多改了名的人發現自己的性格也改變了。

生年時辰也影響我們的性格，不論你用哪一種曆法或算法都不例外。生年時辰具有磁場，能影響我們的人生，生命密碼不過是解析生年時辰如何造成影響罷了。

不論你的個人信仰為何，輪迴是否造成各人人生的差異，生年時辰是否有磁場，或任何其他說法，其實沒有人知道真相到底是什麼，所以沒有必要陷入哲學辯論的混戰中，而錯失了生命密碼提供的益處。

你若是不相信命運這麼簡單就可以算出來，建議你別急著算自己的，先從朋友的算起，看結果準不準。再將1到9的課題全都瀏覽一遍，挑一個最接近自己性格的數，再去計算你的命數，看看準不準。

在第二章中，先閱讀你的人生課題（命數），再讀你的天賦（靈數）。例如你是34／7，請先讀7數，再翻至天賦部分查閱3數與4數。

或許你已明白自己有哪些天賦，你越發展自我，越成熟，就越能自天賦中發掘出自己的興趣和愛好。天賦能給予你新的內涵和更多的選擇來解決問題。可說是支持你通過人生考驗的內心力量源泉。

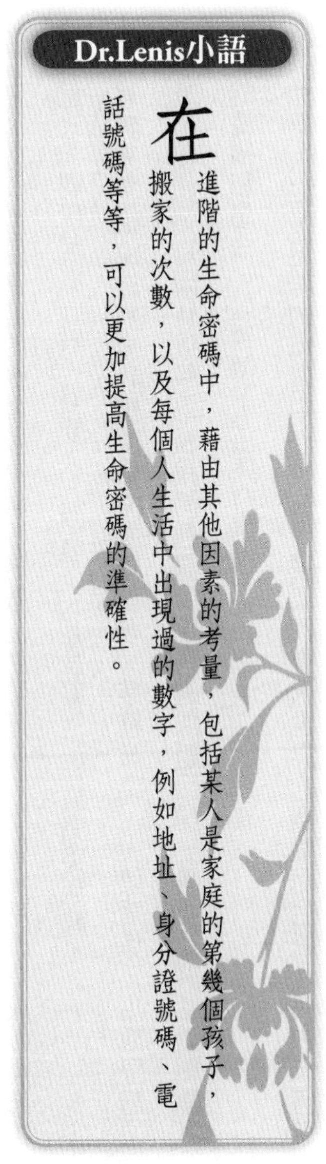

Dr.Lenis小語

在進階的生命密碼中，藉由其他因素的考量，包括某人是家庭的第幾個孩子，搬家的次數，以及每個人生活中出現過的數字，例如地址、身分證號碼、電話號碼等等，可以更加提高生命密碼的準確性。

第2章◀ 命定的課題和天賦

假使人生以學習為目的，那麼人世間是個絕佳的學校，人世歷練就是學習最佳的管道，而人生要學習的機會多得無法勝數。欲將最佳的學習場所改造成無憂無慮的天堂，如同伊甸園一般，需要人人飽學、心智成熟、性格完美無缺。

直到天堂來臨之前，我們要學的還有很多。某種職業、人際關係、生活型態之所以吸引我們，是因為這些帶領我們到需要學習的課題面前。我們的潛意識影響了我們的情緒和想法，以致做了這樣的決定。

如果人生是絕佳的學習中心，為什麼我們會因世界的紊亂而生氣？我們又何苦改變它？何不接受現狀，用不著解決？答案是：在解決問題的過程中，我們的學習便更進一步。因此，改變世界，人人有責，不僅個人能更加成長，生活品質也能不斷提升。

改進自己最快的方法之一是自我分析。能夠客觀地觀察自己，就能看出自己需要學習和改變的地方。生命密碼在此正好派上用場。

基本課題

首先你必須了解生命密碼基本觀念的源起。我們可以把人生的一切課題簡化成一個課題，這個課題是一切課題的基礎，而且與「二元性」和「平衡」有關。我們需要一個模型來理解這個基本課題。以人類為例，他是個神奇的組合，有身體也有意識，於是身與心二者之間出現了一個考驗：如何維持二者的平衡？我們該受欲望多少的宰制，又該受心靈多少的影響？

我們可以再進一步簡化。人類是人也是動物，基本的人生課題即是如何平衡人性與獸性。我們該具備幾分獸性：不按邏輯、法律、其他人為規範出牌？又該具備幾分人生：追求性靈、心智成熟、知識並壓抑獸性？是否應該摒棄一切肉體的享樂，遠離塵囂，變得更有靈性？或應聽從肉體的呼喚，狂野不羈，讓肉體完全滿

足？兩種極端其實都不健康，應保持平衡。

生命的基本課題又因他人的加入而更形複雜。如今我們必須考慮該以多少的人性或獸性與人相處。該慷慨還是自私？施與受兩者該如何平衡？有些人為他人犧牲一切正確嗎？健康嗎？有些人正好相反，自私自利，不願對人坦誠。這樣的極端正確嗎？健康嗎？我們如何尋找快樂的觸媒？找到後又如何把握呢？

人生的基本課題教導我們平衡身心，繼之平衡人我的關係。生命密碼正好可以用簡單有效的方法呈現這個課題。

數分兩種

數只有兩種：偶數和奇數。奇數較外向、獨立、自給自足，偶數較內向，依賴性強。人生的所有課題就在平衡這兩個端點，生命密碼將之分成九個小組來討論。

在閱讀數的特徵時，千萬記得：人的年齡越長，人生經驗越豐，心理就越成熟，當然也有例外。雖說活到老，學到老，有時老狗還是學不會新把戲。個人的學習動機和心智成熟度也會影響生命密碼的準確度。如果某人尚未學到人生的課題，那麼下面命數描述的便很準確。反之，人若因歷練而成熟，則靈數的部分便較為準確。

Dr.Lenis小語

當你開始學習關於生命密碼，最好先從了解1到9的意義開始。總之，你必須知道12星座並不是最準確的方法，從1到12的計數方法是更加準確的。在這種計數方法中，數字1是跟數字10不同的，數字2是跟數字11不同的，數字3跟數字12也是不同的。

數

關鍵字：獨立和創意的愛好者

自認獨立而且強如王侯，表現出高高在上的樣子。以領袖自居，不十分在乎他人眼光。能獨力完成許多事，喜歡特立獨行。人生課題是學習虛懷若谷，多與他人互動，放下身段配合別人，不要老是期望他人來迎合你。

故事

亞當夏娃和第一對兄弟的故事。

《聖經》上記載，混沌之初，上帝創造了亞當。他既是世上唯一的人類，只有自求多福。他必須獨力建造遮風蔽雨之所、覓食、保護自己免受敵人侵害，受傷、生病了還要自己想辦法治療。他無人可依靠，只好自立自強。無人與他互動，所以沒有機會鍛鍊溝通技巧。1數的人即具有上述特徵。

人生課題

命數是1的人需要學習有關獨立的課題——如何才算適度獨立。他們必須拿捏好獨立尺度才有幸福美滿的生活。1數的人具有天生的領導能力，但必須學習與他人相處時，需要幾分的領導和獨立。他們往往高傲自恃地近乎自私。因此需要謙沖為表，多尊重他人，為他人著想。他們也需要信任他人，與他人合作，切莫不可一世，等著人伺候。一位成功的君主需贏得子民的敬愛，子民才會心甘情願地服從他、擁戴他。

命數是1的人想要換工作或想出做生意的新點子時，會令你覺得他們真正的意圖是剝奪他人的自由和獨立。他們所謂的合夥，是兩個獨立的個體一起朝相同的目標努力。此時合夥人必須也是領導者，否則會被他們吃得死死的。

命數1的人必須學習人生課題才有幸福的生活可言。他們若是太獨立，只會眾叛親離，最後變成孤零零的一個人。他們孤立自己，還宣稱世人待他們太苛，而他們是為了求生才不得不出此下策。他們的座右銘可能是：別信任任何人。如果你聽到他們說這些話，請同情他們，因為這表示他們尚未學會人生的課題。

他們的想法會帶領他們走入他們最恐懼的境地——遭人摒棄，屆時他們只剩下自己可以依賴。拒絕信任他人便會落得這樣的下場。

1數的天賦

命數及靈數是1的人是天生的領袖，獨立，有本事標新立異，滿腦子新點子，總在發掘新的事物。但這不是貨真價實的創意，比較像是異想天開。

他們的觀念很特別，很難用言語形容。追隨他們的人因其想法而更加獨立、堅強。他們的領導力和獨立性發揮到極致的時候，可以帶頭建立更美好的人生。

因此命數是1的人應挑選可以獨立作業的職業，除非是主管，否則不要選擇團隊工作，這樣才能樂在其中。1數挾帶大量的能量，未充分利用的話，會逆行攻心，導致疾病產生、人際關係不和諧、挫折，以及其他的不順。充分發揮精力的最佳方式是造福人群。在領導他人的同時，多關心他人的需求，不妨為了成全他人而改變自己，甚至犧牲自己。如此才有真正的成功和幸福可言。

命數是1的人博而不精，所以容易因單調重複的工作或生活方式生厭。經常需要應變或同時身兼數職的工作型態，比較合他們的口味。自己開公司更好，因為他們最好是當老闆兼夥計兼會計和送貨員，大小通吃。其他適合的職業：需要特立獨行的發明家、政客、工匠、藝術家、雕刻家、演藝人員、公司主管、導演、業務員等。

典型人物

華德．迪士尼（Walt Disney），生日為一九〇一年十二月五日。

華德．迪士尼是個很特殊的人。他創造神奇的迪士尼世界打動了全球人的心弦，但他在這之前已有一長串的事蹟證明他才華不凡。1數人獨具的領導能力與原創力表現無遺，就拿人見人愛的米老鼠來說吧！老鼠原是眾所厭惡的動物，打破腦袋也不會有人想到，一隻小小的米老鼠竟帶給全世界這麼多歡樂，而且歷久不衰。

華德．迪士尼首創卡通電影——《白雪公主與小矮人》、第一部彩色電視系列卡通。他曾榮獲三十座以上的金像獎，而今日，他的公司已成為全美國最強健的公司之一。當給與比取回多時，1數人的天賦已發揮至極致。華德．迪士尼所給與這世界

的是：快樂與夢想。而他一手創造的迪士尼樂園就是使人有夢有笑的樂土。

其他的**1**數人：影星湯姆．克魯斯（Tom Cruise）、美國國父喬治．華盛頓（George Washington）、殺妻案主角辛普森（O.J. Simpson）、影星傑克．尼克遜（Jack Nicholson）、法國的拿破崙（Napoleon Bonaparte）、英國默劇演員卓別林（Charlie Chaplin）。

Dr.Lenis小語

當你把出生年月日的數字相加，便會得到一個數字，但可能會是一個雙位數，不過令人驚奇的是，當你將這個雙位數的數字再相加時，你所得到的數字都會是從1到12的其中一個數字，直到二九九九年的九月二十九日，才會出現具有數字13的人。

數

關鍵字：合夥與細節的愛好者

命數是2的人天生擁有透視事物一體兩面的本事，甚至也像演員一般具有雙重性格。一般人只知演員扮演的角色，鮮有人了解演員的內心世界。同理，2數的人性格中有二元性，往往表裡不一，外表強悍嚴厲時，內心其實情緒起伏又敏感；他們看起來對你很好，骨子裡可能冷酷無情得很。

他們擅長分析及對比事物的兩面，看法鞭辟入裡，尤其在搭配協調方面，他們是天生好手；喜歡熱鬧，不喜歡落單。然而有時會給人一種要人服侍的感覺，甚至利用他人。他們該學習的課題是要獨立、有耐心、培養同情心。

故事

《聖經》上繼續述說亞當的故事。上帝見亞當形單影隻，便令他沉睡，自他身

上取出一根肋骨，造出第一位女性，並取名為夏娃。夏娃可說十分幸運，她生活的環境物資非常豐饒，亞當也已懂得如何滿足生存的需求。夏娃只需要全心愛亞當，告訴他愛是什麼就可以了。然而她的出現造成了二元性，她既是亞當的一部分，又是獨立的個體，他們的生活變得複雜。不久夏娃開始提出疑問，因而闖下滔天大禍。

人生課題

命數是2的人必須學習倚賴和二元的特性。他們不喜獨處，喜歡同伴圍繞身邊的團體活動。他們大多時候不在乎從事的是什麼活動，只要不落單就好。由於天性較倚賴，因此人生課題就在掌握對人的倚賴度，最好弄清倚賴的極限所在，否則會顯得要求太多而造成別人的負擔。有人戲稱他們是橡皮糖，你甚至會覺得他們跟著你是另有所圖。如果你失去利用價值，他們立刻掉頭離去，尋找下一個可以利用的對象，因此得罪大家，樹立不少敵人。

命數是2的人必須學習容忍他人的缺點，要多點惻隱之心，要能獨立照料自己的生活起居，自己的夢想需靠自己去打拚，不要老等著別人來幫忙，更不要拿別人做失敗的藉口。他的成功與幸福繫之於如何獨立而又不失偶爾倚賴，這點和1數的人正好相反。

2數的天賦

命數及靈數是2的人精於分工合作和辨識，因為2數與二元有關。許多命數是2的男性經常流連在鏡子前面整理儀容，而女子則常有巾幗英雄之氣概。命數是2的人結合男性和女性的特質，因此思慮敏捷平穩，流露出藝術的氣質和多才多藝的天分。

所謂辨識的能力是指分析、比較和對照，通常表現在文學方面——文筆優美流暢，藝術品鑑賞和研究方面，在配色造型和設計方面也很傑出。許多命數是2的人是天生的好演員，將原本性格埋藏起來，另外表現出一個不同的性格，這是來自其雙元的天性。其他合適的職業包括藝術家、記者、偵探、心理學家、外科醫生、導遊、骨董商。基本上只要是與分析細節或與人相處有關的職業都恰當。

如果這些天賦得到發揮，輕易便能名利雙收，也較能獨立生活，否則命數是2的人就會變得挑剔，整天埋怨東埋怨西，還會把自己的失敗怪在別人頭上，自私自利，生活充滿挫折感。

極端的人還會因雙元的天性，善於偽裝而在背地犯下罪行，這是他們因應挫折感的方式。反之，命數是2的人若天分得以表現，生活就會快樂又和諧。

典型人物

隆納．雷根（Ronald Wilson Reagan），美國第四十屆總統，生日為一九一一年二月六日。

2數人的天賦是能同時看到事情的正反兩面，而且會同時展現出雙重性格，前美國總統雷根可說深諳此道。他原本是個電台的運動播報員，後來被發掘到好萊塢發展，拍了五十部電影，而雙重性格正是演員必備的才能之一。雷根最特殊的天賦是，他能向大眾表達他立場始終一致的樂觀天性，縱使在他被刺殺，以及後來做結腸癌手術時，在公眾之前他仍不改堅毅不屈的態度。2數人的另一項才能是能直觀事情的根基，正是此項才能將雷根帶往政治之路。他非常關心美國的未來，而且深信答案是回歸舊時的保守主義，他總統任內的施政特色是：以基本政策增強國力，包括減稅、削減福利支出、增加高等教育、縮編政府部門、增加軍備以及和蘇聯修好等。他成功了！因為很多人相信，由於他的多項措施，蘇聯政權才得以瓦解；而最重要的是，他贏得美國人的信賴與愛戴。

其他的2數人：美國小說家史蒂文生（Robert Louis Stevenson）、演員茱莉・安德魯絲（Julie Andrews）、舞台與電影演員李察・波頓（Richard Burton）、名演員奧瑪・雪瑞夫（Omar Sharif）。

Dr.Lenis小語

以一九七〇年一月一日出生的人為例，當組合出的數字只相加一次，是10，而不是1；你必須再加第二次才會得到1。不需要第二次相加就是1的1，才是真正屬於數字1的人。在二十一世紀，第一個擁有數字1的人出生在二〇〇〇年一月七日（2＋0＋0＋7＋1＋7＝10，1＋0＝1）。

3數

關鍵字：創意與溝通的愛好者

命數是3的人有如天賦異稟的藝術家，充滿理想、有創意、人緣佳。他們對一切都抱持崇高的理想，而且他們的工作最好與創造力有關，否則他們會心生鬱悶。如果他們的生活方式不容許他們表現創意，他們會變得不切實際，封閉自己的心靈。除非達到他們的標準，否則他們會很任性。他們必須學習的人生課題就是腳踏實地一點，多聽取他人意見。

故事

九個月後，夏娃產下一子，取名該隱。

《聖經》上只說該隱謀害了他的弟弟亞伯，是個任性的男子，其他並未多提及。

3代表歡樂和藝術。一個相親相愛的家庭首次有嬰兒降生是樁喜事。這個孩子是兩人愛的結晶，當然帶來許多歡樂，家人自然也花很多精神在孩子身上。除非父母十分小心，否則這孩子遲早會被寵壞。

人生課題

命數3的人需要學習的課題是溝通。他們非常理想化，希望人生樣樣事情符合他們的高標準。有時候他們的舉動就像被慣壞的小孩，我行我素，絲毫不肯讓步。雖然他們有創意，表達能力很強，卻無法次次都表達出內心的感受，而且愛躲在他們的理想中，不願面對事實。

命數是3的人不該再任性下去，應該面對現實，找出問題真正的癥結。他們好比社交蝴蝶，什麼都談，就是無法談自己內心深處的感受。他們對自己的要求很高，故而忍受不了自己的缺點。只要能夠正視現實的問題，他們自能輕易找到渴望已久的成功與幸福。其實只要他們降低標準就好了。但就算這麼簡單的事，他們也很難做到。

他們的煩惱之源來自於他們藉著創意表達悲喜的天賦。除非他們能培養創意，並且每一天都用得到創造力，否則他們會感到氣餒。創造力未獲宣洩或發揮，他們的生活會一團糟，甚至發瘋。如果沒有把真實的感受傳達出來——用言語或其他運用創意的方式——命數3的人會非常不快樂，脾氣暴躁，極端冥頑不靈，就像發脾氣的小孩想得到注意一般。

《聖經》上3數的代表人物該隱展現了性格的陰暗面。他嫉妒上帝較鍾愛弟弟亞伯，憤而殺死弟弟。如果他早點學會溝通這項人生課題的話，他就可以用言語表達不滿，不至於動拳頭了。有話早說，他就能發現上帝為何較偏疼亞伯；若再深入分析情況一些，就不會成為史上第一個殺人兇手了。

3數的人不要總是強迫大家接受他們好高騖遠的理想，而要學習敞開心胸，腳踏實地，多深入了解事情，並允許他人深入內心。他們的傾向是只注重表面，忽略內在，這種華而不實的想法十分危險。3數的人不可再自認已找到真相，應繼續努力追求真相。3數人的成功之路在於質疑自己的理想、質疑自己，並做必要的改變。

3數的天賦

命數與靈數是3的人擁有創意。凡藝術設計即需創意：從服裝設計到建築設計皆是，公關、銷售、娛樂事業也要創意。他們在音樂和舞蹈方面也有天分。命數是3的人善於創造美，尤其是外在美，因此他們需要向高標準挑戰。他們生下來腦中即有這些標準存在，因此命數是3的人精於創新和發揮藝術的極致。藝術其實便是有格調、有創意的溝通方式。

但是命數是3的人在言語溝通上有困難。他們談客觀的事物十分輕鬆自然，卻無法說出內心的感受，造成人際關係問題重重。簡單的解決辦法是培養一個需要創意，而且要天天實行創意的嗜好，繪畫、陶藝、作曲、寫作皆可。這些嗜好能宣洩他們的情感，紓解壓抑的情緒。一旦創意有了天天可以寄託的管道，命數是3的人就會歡歡喜喜，很好相處。

對3數來說，表達內心最深處的想法和感受，即是將天賦發揮得淋漓盡致，如此一來，他們所做的藝術作品或傳遞的訊息便能影響他人、改變他人。溝通和創意原本就應該用來改善世界，使世界更美好。

典型人物

約翰．韋恩（John Wayne），生日為一九〇七年五月二十六日。

3數人最大的才能是傳達理想，這類人讓人覺得他們自知甚深，了解他們自己是什麼人、要什麼東西。他們不是變色蜥蜴，除非可以讓他們切近追隨不悔的理想，否則絕不輕言改變。這裡有一個很好的例子，就是美國演員約翰．韋恩，他以拍一系列的西部電影而聞名，然而在這些影片裡他並沒有花什麼力氣去演，他只是誠實表現自己而已，崇尚獨立、熱愛自由、堅守法律，並且只扮演牛仔，簡直就是他的理想之翻版；而他的特徵也就是美國的特徵了。事實上，很多人相信約翰．韋恩是美國的縮影，足以代表美國的立國精神，他自身就代表了世界各國對美國的看法，亦即崇尚自由、無畏無懼。約翰．韋恩自己亦公開說，美國的生活方式包括反共產主義、法律秩序，與個人主義。從某一方面來說，約翰．韋恩真是太幸運了，因為他個人的理想正好與美國的理想不謀而合。生命數字3嚴格的風格使得他生活嚴謹而擇善固執，大家喜歡他，一方面也正是因為他從不令人感到意外。然而自他死後，至今尚無人能填補他所遺留下來的空缺；或許，如果約翰．韋恩還有其他理想，大家就不至於這麼想念他了。

其他的3數人尚有：古巴強人卡斯楚（Fidel Castro）、懸疑大師希區考克（Alfred Hitchcock）、美國電視劇名人比爾・寇斯比（Bill Cosby）、心理分析大師弗洛伊德（Sigmund Freud）、流行樂手大衛・鮑伊（David Bowie）、流行樂手奧莉薇亞・紐頓強（Olivia Newton-John）。

Dr.Lenis小語

書中我有提到一個「卓越數」的名詞，並介紹屬於這個名詞的數字是如何的特別。如果今天我們所學的是屬於1至12的數字系統，就不用了解這些，因為在那個體系中已經被解釋得非常清楚了。

4數

關鍵字：安全感和秩序的愛好者

命數是4的人擅長看穿事情真相，有條有理，給人安定的感覺。因為天性缺乏安全感，所以致力建立安全感。他們安定而且切合實際，但往往過於頑固，不喜歡改變。他們應該學習的人生課題是：真正的安全感來自內心，而不是外在的物質世界。

故事

《聖經》上記載，史上的第四個人亞伯是位牧羊人。他之所以較哥哥該隱討上帝的歡心，是因為他獻給上帝的供奉比較豐盛。他做得到這點是因為4數的人精於組織和生產。他們非常務實，善於改進，增加產能，對重複性、穩定、可靠的事物尤其拿手。

命數為4的人視安全感為最高指導原則，亞伯可說是因此而送命。他努力耕耘而豐收，糧食多得自己吃不完。該隱看見弟弟的作為十分眼紅。3數的他無法就事論事地分析原因，不想辦法增加農產，反而心生嫉妒。由於他沒有運用潛在創造力，因此抑鬱發狂，失控到殺害了弟弟。

人生課題

命數為4的人的人生課題是尋找真正的安全感。他們應該要明白安全感也是有極限的。他們善於組織，可輕易在物質世界中建立起安全感，但在思想、感受，和情緒的內心世界中卻很難辦到。因此他們的課題是在內心世界中建立安全感，這才是安全感真正的來源。

命數是4的人有時候會期望自他人身上獲得安全感，但是注定要失望，因為如此並無法真正滿足。戀愛時，他們要求對方很多，如果對方喜歡獨立的話，戀愛之路就會崎嶇不平。如果愛情觸礁，他們會不計代價來挽回。得不到安全感，他們會變得非常頑固，甚至卑劣。

命數為4的人不像3數那樣明確知道如何會有安全感和幸福，他們不明白安全感該往何處找，終日尋尋又覓覓。假使他們自認找到了，不論是來自愛情也好，職業或宗教信仰也罷，他們會拚死命去維護。失去安全感比死亡還可怕。如果失去安全感，他們願犧牲一切換回安定的感覺。他們受不了從頭再尋找安全感的打擊。

中國人不喜歡4，因為諧音似「死」。很多旅館沒有四樓，因為迷信的客人不願住「死」樓。西方人則認為13不吉利，因此有些大樓也沒有13樓。生命密碼可以解釋兩者之間的巧合。13就是1＋3＝4，兩者意義相同。

人生在世最大的不安全感即是人免不了一死。命數為4的人很擅長使生活的物質層面穩定。選擇了沒有風險和穩定的工作以及生活方式令他們開心，可是他們阻止不了人生最終的不確定：死亡。因此他們辛苦建立的安全感和穩定感永遠有個弱點，而且終將垮台。

唯一的對策是用富於理想的眼光來看待人生。他們必須接受生命是個有生有死的週期。命數是4的人應自精神的角度看人生，才能接納死亡和改變是心智成熟之必經過程。唯有你終生的學習心得是奪不走的。

命數4的人對自己無法控制的事感到威脅。假使他們恐懼、悲觀，又心胸狹隘的話，會使問題雪上加霜，更沒有安全感。最佳的解決之道是勇敢面對他們對不安定感、不安全感的風險產生的恐懼。他們應學著接受改變，視改變為契機，利用天分重建秩序和穩定，追求更進一步的成長。

他們汲汲追求的安全感只能自精神信仰獲得，必須開放心胸，了解沒有人是全知全能的，因此要虛心學習。他們應該歡迎改變之來臨，因為改變代表進一步的學習。抱持著這樣的人生觀，他們才能有效運用天賦。更深入了解人生之後，才能凡事處之泰然，並在日常生活中獲得安全滿足。

4數的天賦

命數或靈數為4的人組織能力很強，懂得「建構」，同時又如同椅子的四隻腳，給人安全穩定的感覺。他們目標明確，容易集中全副精神去追求目標。他們眼睛很尖，面對狀況，一目了然，以最有條不紊的方式迅速解決問題。

因此，他們事業有成，聚財有方。但也由於不喜歡冒險，所以不願自己創業，

寧可風險讓別人承擔，自己只要輕輕鬆鬆，專心地建構即可。

命數為4的人雖無1數或3數人的創意，但精益求精的長才卻無人能及。你若有所長，命數為4的人能告訴你如何做得更快、更好、更安全，完全讓你想不到。

他們也對數字很行，因此與數學有關的行業如會計、科學、工程，以及有關安全和穩定的行業都很適合。尤其有機械天才，一看就懂得如何運作及怎麼修理。建議他們從事主管、技術性的工作，或協助他人解決問題的諮商工作。

4數的人假使選擇的工作可以發揮天賦，即可在幫助他人的過程中獲得安全感，不見得要找科學或貿易方面的職業，只要能在工作時運用天生的才能，豐富個人的生活就好了。如此他們便可以充實自己的人生，並做他人的典範。解決個人的問題之後，他人即會前來求教，他們即可教導他人如何創造健康穩定的生活，解決各式各樣的人生難題，甚至經營生意方面的問題。

但是有一點要謹記在心，他人開口求教才能出手相助，如此對方才會尊重他們的苦心，對人才真的有幫助。多管閒事只有自找麻煩。

命數為4的人若能善用組織能力和建立安全感的天賦過日子，就可以在生活中學習到安全感的真諦。只要掌握學習的時機，勇於改變，人生觀正確，就能擁有任誰也奪不走的安全感。

典型人物

比爾．蓋茲（Bill Gates），生日為一九五五年十月二十八日。

4數人的才能：組織和建築，已經很清楚地由比爾．蓋茲證明了，他小小年紀就求知若渴，著迷於電腦科技。他和朋友保羅．艾倫（Paul Allen）成為電腦界的頑童，受迪吉多電腦之邀，負責找出系統程式中的錯誤，亦即偵誤（debug）。高中階段，兩人就合組電腦讀卡機公司，亦即後來微軟（Microsoft）的前身。有趣的是，比爾．蓋茲這些舉動完全符合4數人的特徵，也就是不願單打獨鬥，寧願和好友保羅．艾倫共創天下。他三十二歲時，個人電腦上市，IBM邀他寫作業系統，這次又是數字4者的風格，他不從頭寫起，反而花了五萬美元，從西雅圖電腦公司買下一套寫好的作業系統後加以修改。這套系統也就是後來的MS-DOS，自此而後微軟迅速成長，又自創革命性的視窗作業系統Windows。

其他的4數人有：美國汽車大王亨利・福特（Henry Ford）、美國流行樂手法蘭克・辛那屈（Frank Sinatra）、英國前首相佘契爾夫人（Margaret Thatcher）、性格影星阿諾・史瓦辛格（Arnold Schwarzenegger）、披頭四成員之一保羅・麥卡尼（Paul McCartney）、情歌聖手胡立歐（Julio Iglesias）。

數

關鍵字：自由與冒險的愛好者

命數為5的人最崇尚自由，喜歡自由自在地品味人生的一切。但自由過度反而有害。你不能什麼都要，到頭來必須有所取捨，而割捨就代表放棄。

割捨想要的東西或放棄信念，需要極大的勇氣，命數為5的人就是缺乏放棄的勇氣。他們應該學習的人生課題即是拿出勇氣，利用自由來創造更美好的人生。

故事

4數是一股穩定的力量，5數則是打破既有模式。5代表沒有限制。命數為5的人熱愛自由，隨心所欲，不自由毋寧死。

命數為5的人小時候什麼都想嘗試，想發掘自己真正的志向。難怪人有五種感官，透過這五種感官來享受人生、探索人生。5數的人有時似乎受感官控制，極端沉

溺於飲食的欲望和其他的享樂之中。他們喜歡旅行和新奇有趣的東西，因為他們喜歡冒險。他們找樂子時異常開心，玩世不恭，徹底體驗人生，但尋覓到真心想要的東西時，就需要下定決心，許下承諾。

命數為5的人害怕承諾，承諾意謂不再追求新的東西，聽起來好像放棄個人自由。誰有把握他做的抉擇是最好的呢？誰敢擔保日後不會再有更好的出現，讓你悔恨不已？命數為5的人害怕抉擇，但抉擇是學習自由的真義和追求美滿人生的唯一竅門。

命數為5的人缺乏承諾的勇氣。承諾意謂放棄自由，他們怎能捨棄最心愛的自由？因此他們必須了解，承諾並不代表失去自由。

人生課題

命數為5的人需要學習的課題全在自由。建設性地運用自由可以使人生美滿幸福，濫用自由則導致無法無天，自尋毀滅。因此5數的人生課題即是妥善運用自由。

此話說起來容易，做起來難。

自由是手段，不是目的，是一種不容剝奪的權利，即使你和曼德拉一樣身陷囹圄，也沒有人能奪走你思考的自由，因為自由存乎一心。這才是你能倚賴的自由，誰也搶不走。命數為5的人必須充分了解這項課題，追求真自由——控制自己的意念，創造夢寐以求的人生。

命數為5的人必須了解限制自由是實際的、有必要、有建設性的。5數殷切亟需的特質是勇氣，他們需要勇氣，許下承諾，節制個人的自由。唯有勇氣才能賜與力量實現理想。

感官的快樂只能帶來一時的歡笑，長久的後悔。真正的快樂來自懂得自制的自由。想要成功必須要鎖定目標，命數5的人要學習心無旁騖，集中精力，否則易流於什麼都想要卻什麼都要不到。

5數的天賦

命數及靈數為5的人擁有演說和促銷的天分，能舌粲蓮花，化腐朽為神奇。他

們是「散淡之輩」，不喜受責任和僵化的時間表束縛。他們做事喜歡有彈性的時間，依自己的步調完成，適合獨立工作室。

有時候他們非常獨立和無憂無慮，而舉止有如公眾人物，像明星般作態，引人注目，因此很得人緣。他們能輕鬆與人閒聊、說笑、侃侃而談。5代表五官中的「口」，口才極佳，而且聲音悅耳，有時還可以靠聲音賺錢。

命數為5的人辯才無礙，社交能力強，因此適於從事銷售、促銷、廣告、傳媒、演藝、政治、運動、營養有關的工作，或是廚師、美食評論家。

多才多藝的5數人，可以成就卓著。試想滔滔雄辯的人再加上促銷的本事，若能為造福他人奔走，或啟發世人有多好！命數為5的人可以善用才華，鼓勵眾人為美好的人生努力。

典型人物

亞伯拉罕．林肯（Abraham Lincoln），第十六屆美國總統，生日為一八〇九年二月十二日。

在歷任美國總統中，亞伯拉罕．林肯真正稱得上是自由的信徒與鬥士。他因解放黑奴而贏得「大解放者」之名，熱愛自由並以之促進生命尊嚴是5數人的天賦，然而要發揮這項天賦並非易事，因為太容易樹敵了。或許也就是因他為解放黑奴而樹敵太多，最後慘遭勢力強大的敵人所暗殺。

5數人的另一項特徵是，缺乏堅持目標的勇氣，林肯也具備了此項特徵！亞伯拉罕．林肯並不崇尚控制人民，他向大眾公開溝通說明他的舉動。他為人民所愛戴，但他的下屬則對他不以為然；他崇尚民主的力量，尊重他人的觀點，因此他竟會選擇意見與他相左的參議員為他工作；他說，與其選擇意見相同者，他寧願與意見不同者共事，經由辯論帶出正確的行動，而不願只是找人來聽他指示。別的政客無不傾力攏權，他則嗤之以鼻。或許有人會辯說這些都是長處不是弱點，畢竟他的觀念是對的；但面對現實世界，有些決定需要強而有力的領導者，方得風行草偃之效，亞伯拉罕．林肯從不是這樣的人。

其他的5數人尚有：被蘋果打到頭的牛頓（Sir Isaac Newton）、希臘船王歐納西斯（Aristotle Onassis）、悲情畫家梵谷（Vincent Van Gogh）、毛澤東（Mao Tse Tung）、德國之痛希特勒（Adolf Hitler）。

數

關鍵字：和諧和治療的愛好者

命數為6的人像羅密歐與茱麗葉一樣，因愛人勝於愛己而受苦。除非他們先幫助自己、治療自己，否則關愛他人和治療他人的工作注定要失敗。他們不懂得愛自己，所以也無法找到真愛。因此他們的人生課題是照顧自己、多愛自己一點。他們必須堅持別人公平的對待他們，不容許自己受利用。唯有如此才能找到幸福與真愛。

故事

6數的人生觀正好與5數的樂天相反。6數的人喜歡承諾和承擔責任。他們一旦愛上某人就死心塌地，就算粉身碎骨，傷得體無完膚也不放棄。他們的愛情觀是完全付出和完全獲得。他們認為真愛能治癒一切傷口，能解決一切問題。

人際關係對他們而言，是不惜一切去照料心愛的人，因為他們深信人性浪漫的一面，以為天下人都和他們一樣樂於付出，不計血本。這種不切實際的想法使他們極度不開心，羅密歐和茱麗葉的故事就是6數的典型。

羅密歐和茱麗葉之所以自殺是因為相愛太深，愛得不夠健康。如果你愛某人勝於自己，對方若是死亡或與你分手，你該如何？為他人而活，讓你覺得受人利用而且非常空虛，愛人勝過愛己等於逃避自己，不願面對自己，只好一死以求解脫。

命數為6的人覺得有必要照料他人。大家有事喜歡找命數為6的人幫忙。或者應該說別人一有事，他們就自動出現。命數為6的人好比免費的心理學家、治療師、疑難雜症的專家。這是很傷腦筋的事，你應該先自救再談救人，否則便是傷害自己，因為你無法判斷是否為他人付出太多。你若逾越應有的界線，不論你內蘊多豐富，終有掏空的一天。

人生課題

命數為6的人熱中於照顧他人，因為他們需要學習照顧自己，如何治療自己、愛惜自己。命數為6的人應該知道：愛到什麼地步叫過火？幫助別人如何適可而止？何時開始照顧自己？何時不該伸出援手？這些都是人生課題的必修科目。

要解決這些問題的對策之一是把自己當成兩位一體，一個是成人，也就是外貌，一個是小孩，居住在內心裡面，成人應照顧內心的小孩，因為小孩不會說話又沒有防衛的能力，成人應保護小孩免受虐待，提防別人占小孩便宜。

他們開始這樣想之後，會變得很挑剔，以新的角度來看世界。他們開始對自己好，甚至比照顧他人細心，多愛自己一點，並且謹慎選擇人際關係和職業等等，不再逆來順受。他們會懂得戀愛的對象應符合自己的某些標準，而不是因為對方需要幫助。他們交朋友時必須根據某些資格來挑選，如心理健康、充滿自信、性格樂觀、人生目標明確、努力進取的人。

然而命數為6的人較善於為他人做決定，長於解決他人的困難，拙於面對自己的問題。也就是說他們不知道自己真正的問題是應該多珍惜自己。如果他們的戀愛對象心理不健全，無法以同等的愛回饋，不如中止這份感情，及早脫離苦海，如此才可避免自己健康受損。幸福之鑰就在他們手中，只要快快開始照顧好自己即可。

6數的天賦

6數最懂得照料他人，照料他人最簡單的形式就是治療。6數對治療有興趣而且學得很快，治療他人好像是他們的第二天性，不必費心學習，憑本能即已足夠，教育只是使他們的技巧更精進，提供更好的工具給他們使用。

治療的形式眾多，音樂和其他藝術也有療效，因此命數為6的人在藝術方面的表現也很卓越。他們同時擅長管理，與人相處。不論他們身居何職，總令人有如沐春風之感。如果命數是6的人是作曲家，他的曲子會給聽眾療傷止痛的感受。如果他們是廚師，烹調出來的料理也讓客人覺得有療效、美味又營養。

6數善解人意，對他人的痛苦感同身受，但必須控制自己的情緒及投入的程度，多點同理心，少點同情心。別幫助過了頭，會累垮自己。

命數為6的人最好明白，幫助他人的本能是不會改變的，所以最好多研究治療方面的學問，尤其是心理學，如此才能迅速了解人心，找出問題，及時防止自己陷得太深。他們需要用自己的細心來自我保護，再去助他人一臂之力。

典型人物

亞伯特．愛因斯坦，出生於一八七九年三月十四日，數字6也可以在他身上看得見，因為他的名字意味著「天才」這個字，即使由最基本開始，甚至在學校的表現很差，愛因斯坦努力去了解在物理上無法解決的問題，也完成了許多有名的任務，包含他最有名的相對論$e=mc^2$的公式，也因為他發現了光電效應的法則，讓他贏得了一九二一年的諾貝爾物理獎，且在他死後的將近五十年後，被時代雜誌封為「世紀偉人」。

看了這些成就後，你或許會想，數字6的影響讓人們精通科學。但無論如何，這也不必是絕對的，而數字6的影響會使人有解決問題的熱情，而這個可以從愛因斯坦的身上完全展現出來，他解決科學問題的熱情導致了核能和原子彈的發展，這也就是很多人相信為什麼在日本被炸彈攻擊後再也沒世界大戰了。

其他的6數人尚有：盲歌手史提夫．汪達（Stevie Wonder）、發明大王愛迪生（Thomas Edison）、發現新大陸的哥倫布（Christopher Columbus）、著名黑人牧師賈克森牧師（Jesse Jackson）、鄉村歌手約翰．丹佛（John Denver）。

7數

關鍵字：分析與真理的愛好者

命數為7的人喜歡質疑，經常在尋求真理。可是當他們接近真理的邊緣時，卻又心生畏懼，企圖加以否認，好像將頭埋入沙堆的鴕鳥。他們天性好分析，因此個性冷酷，喜歡算計，有時情緒化，不容易討好。他們的課題是找到真理時要勇於接受，抉擇也需以真相為基礎。

故事

《聖經》上說7是個完美的數字，是上帝的數字。數字7事實上是要修習的最後一門學分，要理解其中奧妙，請先將每一個數字當成是一個大家庭的成員。

父親是1數，1數發現人可以獨立生活。2數是母親，將愛與分享帶到人間，也使生命開始繁衍並孕育了第一個孩子。3數創造美與藝術，因為他想要表達生命的歡欣和感恩。

4數覺得3數浮誇、不切實際，認為人要努力工作來構築安全感。5數出生後，受不了4數的諸多限制，相信人生理應多采多姿，因而嚮往自由。

7數自5數之處學習到自由之重要，但自由並非一切，真正的快樂應來自付出、承諾和照料人際關係，因此發展出治療的能力，希望能造福人群。

7數出生即綜合了1數到6數的知識，他開始向一切質疑，確定他的知識完整無缺。7數因其天賦分析能力而發現及發展許多新事物，幫助全人類。但是這樣還不夠，7數在追求真理的同時，還質疑上帝是否存在。

最後7數發現上帝真的存在，而且全知全能，擁有解決人生一切難題的百寶箱，7數忽然感到害怕。他該不該與眾人同享這個真相？還是保留，以謀一己之利？

人生課題

7數的人生課題是追求真理、接受真相，他們天生懂得分析和提出問題，如果不利用這種天賦，他們會覺得非常沮喪。假使他們尋到真理又不敢面對的話，生活

會變得虛偽不真實，永遠沒有幸福可言。

命數為7的人分析事情的時候覺得一切在掌握之中。但是一旦確立目標之後，他們又會變得怪怪的，因為他們心底明白，目標達成之後，並不會就此快樂，因為還有更多隨之而來的真理待探究，因此又得再設定更多的新目標，再度追尋更多的真理。

計畫越接近完成階段，他們越悶悶不樂，心知真理的追求是永無止境的，他們永遠不敢說自己了解了什麼。他們的人生就是不斷追求真理的旅程，一停下來歇歇腳，就會感到挫敗、鬱悶。成功滿足不了他們，因為成功代表追逐新目標的開始。

命數為7的人質疑一切，故而開始分析自己的心理和人生，不久就會發現有些事不對、不平衡、不健康或是沒道理。挑戰因此產生。他們該接受事實，適應生活，還是假裝一無所知，加以逃避呢？問題是有時他們必須做的改變會造成重大影響，如離婚、轉業、移民等。雖說改變會改善生活，但他們還是會像鴕鳥一樣打混下去，主要是因為恐懼。改變是要費功夫的大工程，而且會帶領7數更接近真理，但7數的人只要接近真理時，就會表現出「又愛又怕受傷害」的突兀現象。

他們和常人一樣盼望生活穩定、成功，然而他們和常人不同，對人生的要求比一般人嚴格。但是社會無法提供他們渴求的那種生活：不時改變、充滿新奇以刺激他們不斷學習成長。為了符合社會的要求，他們不得不施展智慧來控制他人，以保持狀況穩定，但同時他們也大費周章地一方面保持不變，一方面又不斷求變，於是就出現了雙重標準，寬以待己，嚴以律人。這樣的矛盾徒然令他們更加灰心。他們想放手，又擔心放手之後，後果不堪設想，於是又按兵不動。

他們知道自己若是為了改善生活而改變，仍然無法滿足，因為直覺告訴他們，日後還有更偉大的真理等著他們，未來的真理需要他們改變更多。既然改變還是會有問題，不如保持現狀。順帶一提，命數為7的人直覺最靈敏。

他們善分析，因此能力強。為了使狀況維持穩定必須控制他人時，會顯出個性的陰暗面：懶惰、情緒化、自私、蠻橫。他們不管做什麼都無法滿足，因此不知道自己想要什麼，始終眉頭深鎖。

7數必須學習不在乎世俗的標準，放棄控制他人的想法，勇於改變生活。改變才能學得更多，生活才會幸福。

有些命數為7的人會遁入空門尋求人生的解答，其實沒有必要。古人說學生準備好了，老師自然會出現。領悟之道不只一條。7數必須接受自己的個性如此，莫再懼怕改變。唯有學習和改變才是通往幸福的康莊大道。

7數的天賦

分析和質疑是7數的專長，他們精於研究、調查、尋找事情真相。除非百分之百肯定，否則他們對任何答案都無法滿意，因此往往能有重大發現。可以說自然界最大的力量任憑命數是7的人差遣。

7數還有一個特點，不能算是天賦。由於他們的人生課題是追求至高無上的真理以及精神的世界，因此似乎特別走運。他們手氣極佳，運勢極順，令旁人豔羨，好像上帝特別眷顧他們似的。

命數為7的人做點違法的小事往往能全身而退，別人就沒有這樣的好運。他們當然不是時時鴻運當頭，但他們脫險的過程有時令人不可置信，好像身旁總有天使守護似的。或許他們就是需要吉星高照才能祛除恐懼，終於找到真理。想想看，他們戒慎恐懼時尚且如此幸運，若是祛除恐懼，不知會有什麼大發現！

奇怪的是，7數很懶散，可能是運氣好造成的，東西到手得太輕易，自然不想辛勤工作。他們若是認真起來，會比旁人更快功成名就。

7數若是怠惰，等於白白浪費天賜的才華。他們應該勉勵自己：只要辛勤工作，用不著多久就有成績，好運會使他們如虎添翼。適合從事的工作包括品管工程師、音響工程師、偵探、研究學者、化學或其他分析科學、靈學、文學、軍事或餐飲業。

典型人物

約翰．甘迺迪（John Fitzgerald Kennedy），生日為一九一七年五月二十九日。

約翰．甘迺迪所展現的性格強勢卻敏感，由於他的強勢領導與承諾正義而成為最受愛戴的總統。7數人的性格就是發現真理，然後全力以赴。一九六二年十月十六日他被告知，蘇聯將攻擊設在古巴的北美飛彈基地，他立即針對蘇聯和古巴採取行動，許多人相信正由於他的這些舉動，使得全球免於一場核子戰爭。

他強力支持公民權，極力反對財團對政府部門的遊說，因而樹敵不少，故有人認為是他自己的政策導致一九六三年十一月十六日被刺殺，他死亡的疑雲也與他尋求真理的性格有關，他是否發現了不該知道的隱情？果真如此，或許他被迫成為共謀者，那也就難怪有人要暗殺他了。

其他7數的人：樂聖貝多芬（Ludwig Van Beethoven）、功夫影星李小龍（Bruce Lee）、性感偶像瑪麗蓮夢露（Marilyn Monroe）、英國前首相邱吉爾（Winston Churchill）、鋼琴詩人蕭邦（Frederic Chopin）。

8數

關鍵字：權力和開發的愛好者

這是最困難的人生課題。命數為8的人天生善於開發、培養。他們目光犀利，能偵察出事物的潛能，可由一個意念發展成一個王國，使理想實現，獲致成功。善用這種投機的天分能輕易致富，坐擁權力。

8數不喜歡衝突，他們想取悅每一個人，因此掩飾自己真正的感覺，經常在不應取悅他人時也照做不誤。掩飾就是不誠實，8數就是因此與快樂成功絕緣。他們的人生課題即是誠實及適時反應，否則會損失健康和破財。

故事

7數的人生課題將人生提升至更高一層的境界。人不僅有軀體，還有靈性。我們接納自己是有靈性的動物，敞開心胸之後，即已準備好學習8數的課題。其實這也

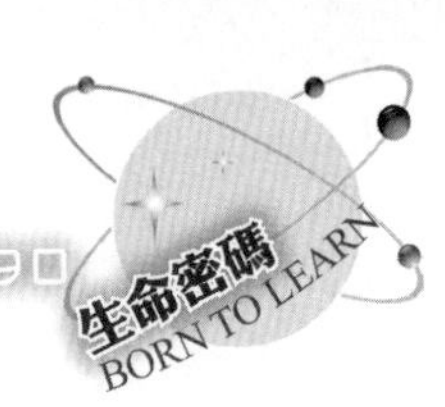

不是真的課題，而是測驗你是否將前七課都學習得很透徹。如果7數是發掘真理，那麼8數便是已知真相在心，準備付諸實行。

了解8數的最佳方式是分析「8」這個符號。8是兩個小圓圈連在一起，橫過來看就成了另一個數學符號「∞」無限。8與「∞」之相似處令人驚異，因為8代表萬事萬物皆是無盡循環的一部分。也就是說善有善報，惡有惡報，不容作弊。誠如俗諺所云：「善惡到頭終有報。」8數注定要運用所有數字的知識，以不折不扣的誠實去打造天下。8數的人注定要學會誠實是成功之鑰。

生死的循環宣示著生生不息的推演過程：小小的種子如何成長茁壯，並在腐朽前開花結果，然後開啟下一個成長循環。命數是8的人喜歡這個過程，他們像是生命的園丁，負責幫助萬物成長、開枝散葉、結實纍纍。

因此命數為8的人多半為商界的各個層面深深著迷。商業講求的就是成長不息。小小的主意得以付諸實行，可以創立公司而財源滾滾。8數喜歡目睹個人或公司從無到有，他們相信人有白手起家的潛力。

對命數8的人而言，對自己完全誠實為成功之本。商界的人經常玩弄真相於股掌之間。他們刻意包裝商品以期商品熱賣。有人說無商不奸。但是他們必須對自己誠實才會成功，否則可能會決策錯誤，導致破產。同理，8數在生活面也要對自己誠實無欺，接納自己的感受，千萬不可刻意隱瞞。

命數為8的人越近成功越興奮，會產生投機的心理，繼之欺騙自己，玩弄他人，以達目的。問題就從這裡產生。

不論是事業或人際關係，8數在渴望成功的心態驅使下，可能會扭曲理想，是非不分。如果他們降低標準以求交易完成，就會有麻煩上門。命數為8的人切莫妥協，一定要對自己誠實表達真實的感受，不要怕傷了別人的心，否則徒然自掘墳墓。

人生課題

8數的人只要不誠實，就會付出代價。他們不適合做壞事，因為第一個被逮到的總是他們，不誠實的陷阱逼使8數人學會他們的人生課題。

他們或許因不誠實而致富，但生活的其他方面一定會因此出問題，或許身體有

恙、愛情觸礁、破財或生意失敗。要哪一方面付出代價，全憑上帝決定。

8數的人生目標應是徹頭徹尾的誠實，由個人生活開始為最佳。千萬不可欺騙自己，不開心就要說出來，自欺隱瞞，很快就會現世報。命數為8的人要成為老實可靠的模範生，才能證明他們已學到教訓。

成熟的8數人給你雙面的感覺，是生意人也是聖人，很實際又很超脫。如果他們健康狀態不佳、人際關係不良、事業不順或有其他困難，證明他們對人或對己不誠實，還需要努力學習人生的課題。

8數的天賦

8數的人老實、可靠、有企業頭腦。他們對做生意興趣濃厚，風險越大越覺刺激。適當發揮天賦的話，他們可以建立企業王國，財運極佳，一帆風順。只要誠實就無往不利。

8數的人慧眼獨具。雖說是他們一手捧起來的，到最後擁有實權的還是他們。這種控制欲能激起他們性格的黑暗面，驕傲、固執，死守權力不放，將來會惹出大麻煩。

要防患未然，最好先了解自己真正的心願，誠實面對。人生不是只有錢和權而已。有修為才有快樂。心裡不痛快就直說無妨，不要壓抑。一找到不快樂的原因，要馬上解決。不要等到有錢再來解決，或坐等他人改變，或等待更好的機會。知過立改，否則你承擔不起等待造成的損失。

命數8的人一拖延就會得到懲罰。諺語有云：辛苦耕耘才有收穫，對命數是8的人而言尤其如此。

8數也善於療傷止痛，因為治療與生命循環有關。他們適合從事金融、會計、法律、演藝、娛樂、警政、管理、運動等職業。任何需要高度信任、誠實、精準的行業都可以。

典型人物

列寧（Vladimir Ilich Lenin），生日為一八七〇年五月四日。

8數人的天賦是去了解事物的潛能，並完成最高潛能，因為他們是屬於外柔內剛的人。列寧是蘇聯之父，是此一才能之最佳典型。列寧出生於貧窮而不義的專制沙皇時代，人民想要的是改變，但要怎麼變呢？一八八七年，由於暗殺沙皇亞歷山大三世失敗，列寧的哥哥被處決了。列寧贊成蘇俄要做些改變，遂開始在政治示威中扮演愈來愈吃重的角色，他研讀馬克思的共產主義，相信只有共產主義才能解救一貧如洗的廣大蘇俄農民。他寫了幾本著作闡述此一理念，被蘇俄當局放逐西伯利亞。依8數人的典型性格，他並沒有放棄他的理念，因為他深信自己的理念。他返回蘇俄，成為共產黨的中堅分子，誓言解放受壓迫的人。列寧成功的祕密，是他不計代價維護自己真誠的理念；許多8數人也有同樣的堅毅與決心，卻因害怕表露自己真實的想法而終歸挫敗。列寧不但明白自己的理念而且也讓別人都明白。

其他的8數人尚有：著名影星芭芭拉．史翠珊（Barbra Streisand）、瑞典女星英格麗．褒曼（Ingrid Bergman）、義大利演員馬斯楚安尼（Marcello Mastroianni）、美豔影星伊莉莎白．泰勒（Elizabeth Taylor）、畫家畢卡索（Pablo Picasso）。

Dr.Lenis小語

曾有很多讀者跟我反映，書中對屬於數字1的人的描述，跟在西元二〇〇〇年前出生、屬於數字1的人個性不相同，同樣的，也一定有很多人會發現在數字2和11中有些許的不同，一個可以有趣了解其中不同處的方法，就是研究奧林帕斯的12位神祇。1至12每一個數字各自代表了每一位神祇，並各有其特質。以下即為1至12的數字所代表的神祇（希臘名／羅馬名）。

＊1：阿瑞斯／馬爾斯
＊2：希拉／茱諾
＊3：阿芙柔黛／維納斯
＊4：狄蜜特／喜瑞斯
＊5：荷米斯／馬克里
＊6：阿波羅／福波斯
＊7：雅典娜／米梅拉
＊8：赫菲斯特斯／福肯
＊9：阿特彌斯／黛安娜
＊10：波賽頓／奈普頓
＊11：宙斯／丘比特
＊12：戴奧尼索斯／巴庫斯

9數

關鍵字：想像與人道的愛好者

命數為9的人擅長服務、娛樂、照顧他人的事業。他們像印度的德蕾莎修女，致力服務人群、照料大眾。但是他們的夢想和目標經常不切實際，雖然多才多藝，卻難以實現理想。他們的人生課題是要腳踏實地，付出不問收穫，為付出而付出，不求個人回報，如此方能成功。

故事

通過8數的測驗之後，9數獲得更崇高的力量——聖靈的力量。當上帝認可你為祂工作時，你便得到聖靈的祝福，擁有常人無法想像的能量。9數具備1數到8數的知識，被賜予來服務人群。9數好像天生受到訓練以要成為天使，因此一定要竭盡所能為他人謀福利。

聖靈和9數的關係奇怪在兩者之間的互動不容易掌握。也許聖靈有種副作用，讓人自奉為神，想到就可做到，因此9數人十分不切實際。

也許他們把人生看得太透徹、太有靈性，因此無法落實地面。有時候他們好像在雲端上行走，所以不易成功。他們是夢想家，不是實行家。

人生課題

9數人的課題或稱之為考驗是在停止做夢，發揮專長，服務大眾。不全心服務人群，會使9數的人生既悲慘又灰心。他們坐等成功從天上掉下來，錢財自己跑進口袋，機會自己送上門來。蹉跎了一輩子，夢想依然是空想。

最高明的辦法是讓9數人拿紙筆記下自己的願望。有人或許會寫下：「我要發財。」這樣不夠明確。要說明到底多少錢才算發財？月薪多少才能供得起他們夢想的生活？要有明確的數字才行。

接下來要問哪一種工作才能賺到想要的錢？目前有哪些機會？眼前的職業或規畫真能賺到想要的數目嗎？這些問題能幫助人回到現實。如果發財計畫達不到目

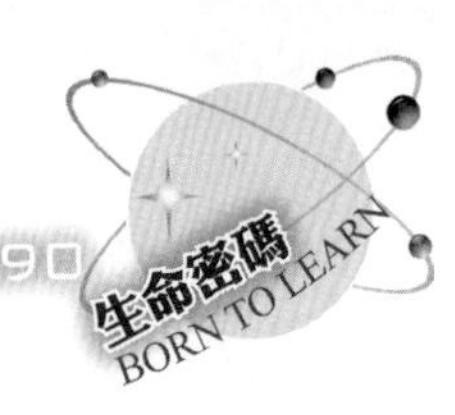

標，就必須改變目標或方向。接下來再問自己：「夢想實現要等多久？計畫失敗怎麼辦？可有備用計畫？」

這些問題很難回答。一些命數為9的人耗費了一輩子的光陰等待夢想成真而未果，因為他們過度相信自己的夢想。思考這些問題可使他們務實一點。如果他們懶得改變，繼續乾等的話，終究一事無成，他們可沒有7數人的好運氣。

9數的天賦

9數的人想像力豐富，能服務他人，帶給他人快樂，學習新的事物時，總能舉一反三，最後往往青出於藍。

由於能提供最好的服務，他們幾乎什麼職業都能勝任，包括：托兒、服務生、任何交通工具的駕駛員、醫護人員，甚至演藝人員。娛樂事業能讓9數充分發揮想像力，給與滿足感，例如喜劇演員、音樂家、作曲家、歌手、藝術家、設計師、舞者。

但9數應避免從商，因為他們不夠務實，可能因此犯錯而破財。成功的生意人有夢想，但不做白日夢，能實事求是，分析資料，了解每筆交易的底線何在。

有意思的是，9數若能忠誠無私，不計回報地全心幫助他人，就會有神奇的事情發生。他們服務的程度可超越人類之極限，有如神助。在全心奉獻人群，救贖大眾的同時，他們同時也鴻福齊天，功成名就。命數為9的人只要目標正當、心智成熟，似乎就有神在暗中保佑。命數為9的人在人生的角色扮演時，應以較神聖的態度來看待它，只有為神服務時，藉此潛力才能發揮得淋漓盡致，可以把上帝當成大老闆來看，全力以赴，彷彿受到神的監督，如此才能通過服務的考驗。

典型人物

甘地（Mohandas Karamchand Gandhi），生日為一八六九年十月二日。

9數人的天賦才華是對人道主義的貢獻，這種天分並不容易發揮，因為這需要有自我犧牲。而甘地，他不只自我犧牲，他簡直是燃燒自己的生命，全部奉獻給印度人。甘地已然成為歷史的傳奇人物，因為他為了印度人的自由和人權，放棄一切；至於熱情，可惜9數人對它興趣缺缺。甘地原是個律師，當他在南非執業時受到

嚴重的種族歧視，這種親身經驗讓他下定決心扭轉現況。他回到印度看到印度的狀況，便明白了他的使命。他完全把自己奉獻給大眾，他每週一進行斷食齋戒，以控制感官、壓抑性欲，保留最大的精力在公眾事務上。他志願照顧受瘟疫侵襲大家避之唯恐不及的病人。為了獲得獨立和自由，他的方法是無暴力的不反抗主義，這是有史以來僅見。如果一個人準備奉獻自我、義無反顧，那就沒什麼可以擋得住了！

其他的9數人尚有：德蕾莎修女（Mother Teresa）、貓王普里斯萊（Elvis Presley）、美國作家海明威（Ernest Hemingway）。

Dr.Lenis小語

就如同你在九十七頁的對照表看到的，1代表了戰神阿瑞斯，但是10卻代表了海神波賽頓。這之間有什麼不同？沒錯，阿瑞斯是戰神，但他是一個王子，不是一個國王，並沒有軍隊。在希臘神話中，只有三個國王──他們同時也是三兄弟──宙斯，是天空之王，波賽頓是海洋和陸地的國王，而哈得斯（Hades）則是冥府之王。同樣的，我們也可以藉此引申2和11是不同的，而3和12也是不一樣的。

卓越數

出生年、月、日相加之後得出最後的兩位數，代表我們提升心智成熟度時，獲得的祕密天賦。多半的人有兩個不同的靈數，這樣的情形請個別參考兩個數字的「天賦」部分。在發展這些天賦時，你需要平衡兩者，以及有創意地結合兩者，否則你會受制於兩者之拉力，以致內心矛盾。

有些人的生辰相加之後，得出的靈數是兩位數相同的數字，共有四種可能：11／2、22／4、33／6、44／8。兩個相同的數字相加得出的結果，稱之為「卓越數」（master numbers）。這類人的天賦較難理解，最好個別討論。

有些人的生辰總和是整數，如20、30、40。0對這些人很重要，可將第一個數的力量帶至卓越數的階段。總和為整數的人潛能發展得較遲緩，卓越數的人則不致如此。

卓越數人的人生最坎坷，惹出來的麻煩最多，直到他們明白自己的特點，選擇

能發揮潛力的正確目標為止。

有幾個原因造成這種現象。第一，潛能遲遲未能甦醒，令他們灰心喪志，無法發揮潛能便無幸福可言。卓越數和整數的人可以徹底發揮潛能，但潛能太豐富，所以「難產」。卓越數需努力避免難產致死。

不同數目相加造成的衝突能減少天賦之力量，而卓越數的人則因兩位數相同，達到效果相乘的結果，天賦強而且火力集中，可以完全支配其主人。

卓越數的人因為有烈士的胸懷，所以人生之路特別崎嶇，於是使得他們更加頹唐。他們任人占盡便宜，因為他們認為有義務幫人幫到底。他們是燃燒自己、照亮他人的一群。

這種助人的情懷不健康，而且終將傷害對方。他們剝奪了對方學習的機會。卓越數的人總有一天會大喊：「我受夠了，再也受不了了。」把身邊的人嚇一跳，而且感情受到傷害。卓越數的人必須發展潛力，才能真正扶助他人，不致成為他人學習的障礙。

卓越數的難處在出生時與他人無異，一樣要面對現實的人生。而在卓越數的潛能沉睡的這段時間，他們的一切都和相加後得出的「本命數」相同（如2、4、6、8）。他們和大家一樣，必須通過本命數的人生課題考驗，才能充分發揮自己潛力。他們常常覺得自己潛力無窮卻使不上力，唯有通過測驗，性格成熟之後，才能到達卓越數潛力的顛峰。

卓越數的人面臨的挑戰很特別。受到潛能的壓力，他們無法自正常的本命數生活獲得滿足，他們唯一的希望是竭力將潛能釋放，完成卓越數天賦的任務，否則只有困頓度日。

壓抑潛能的情況，有如癌細胞在啃噬五臟六腑。癌症不容忽視，不會因為你假裝它不存在而消失。不施以適當的治療，病人終將一命嗚呼。卓越數的人也一樣。

他們從小就知道自己具有某方面的天賦，可惜沒有機會好好培養，有時他們也不覺得自己特別，以為別人和他們一樣。鮮有卓越數的人認為自己天賦異稟，而費心去培養的。愛因斯坦即是最有名的例子，他的卓越數是33／6。

卓越數的人也和一般人一樣，擔起應負之責任，照料他人。通常他們會對那些可能容許他們發展潛能的職業感興趣，但種種原因之下，很少有人遵循自己的本能

果敢地選擇。

卓越數的人覺得自己有潛能建立豐功偉業，促進世界大同，然而除非他們追隨自己的夢想，否則不論選擇哪一種事業，交哪一種朋友，都無法使人生稱心如意。

某些研究生命密碼的學派認為，卓越數的人誕生人世本就應為大多數人謀福利，這是幸福的唯一道路，自私自利絕對會自食其果，反而害了自己。

為多數人謀福利似乎是不可能的任務，其實不然。所謂聚沙成塔，科學中最大的能量來自微小的原子分裂，龐大的人體亦由小小的DNA成形。同理，最致命的疾病肇因於肉眼不能見的病毒作怪。其實病毒是最渺小的生命體，小歸小，卻能在頃刻間取人性命，如愛滋病毒。

卓越數的人必須大處著眼，自小處著手。放眼天下，行遠自邇。治天下前先齊家。他們需要先通過命數的測驗（2、4、6、8），再逐步開發潛能。

卓越數間各有不同，值得一提。

卓越數11／2

11是領導者、信差和教師。他們選擇的職業或目標必須能領導人邁向更自然、更健康的生活；戒除2數的倚賴性，自立自強，運用神奇的鼓舞力量和領導能力造福人群。

典型人物

柯林頓總統（William Jefferson Clinton）第四十二屆美國總統，生日為一九四六年八月十九日。

數字11／2是卓越數，他有鼓舞眾人、開創新猷的天分，從柯林頓早期開始涉足政治，他就致力為眾人追求更好的生活，在阿肯色州州長任內，他向大木材商和公用事業的利益挑戰，結果失去連任的機會。後來他的立場軟化，結果連任五次。任內他對教育和健康醫療系統做了很多改革，阿肯色州擁有全國最高的高中生畢業率，大學入學率也大幅增加。

當選總統後，他開始展現出類似雷根的雙重性格。不論私人生活如何，他在公開場合一向表現出積極快樂的一面，他一心要增進社會幸福的做法，不免讓有心人士憂心忡忡，擔心他的腳步走得太快，搞不好招來暗殺。他認為美國的醫療體系病入膏肓，想快速改革，他以行動裁減軍備，並與長期不睦的國家重修舊好，像是越南；看到他所反對的金錢惡勢，就等於看到他的數字2之天賦一樣，亦即能將大障礙轉變為積極而正面的動力，真是天生的領袖人物。

同為卓越數11／2的人尚有：前甘迺迪夫人賈桂琳（Jacqueline Kennedy）、前美國國務卿季辛吉（Herny Kissinger）、音樂神童莫札特（Wolfgang Amadeus Mozart）、美國小說家愛倫坡（Allan Poe）。

卓越數22／4

卓越數22的人是卓越的建築師，能給人安全感，也是出色的組織者，能解決許多現代社會的技術問題、健康問題和個人問題。他們必須以助天下人和拯救地球為目標，才有快樂可言。

典型人物

帕瓦洛蒂（Luciano Pavarotti），生日為一九三五年十月十二日。

數字4與22／4的天賦才能雖然大同小異，卻也不盡相同，兩者雖一樣實事求是勤奮賣力，但22／4不像31／4、13／4、40／4等有飢渴式的控制欲。他們是有力的建造者，做任何事都一心攀頂，但又會因其他欲望分心；其他四種數字4者則較不會被分心，帕瓦洛蒂即是其中典型。他在四歲時就開始接受訓練，以聲樂作為一技之長。他原先想要成為老師，其實他也在小學教過兩年，但小學老師對帕瓦洛蒂的天賦來說毋寧是種限制，有一次他看完一齣歌劇後，下定決心全心投入歌唱事業。

帕瓦洛蒂的聞名不只是因為他的唱腔有力而特殊，更因為他是全世界最細膩敏感的歌唱家。他的卓越建築師天分使他進入許多不同的領域，他灌錄流行音樂、寫書，甚至還在好萊塢拍了一部電影！他努力開拓歌劇的地平線，使得他在群雄並立的歌劇界仍能睥睨一切，而數字4的企求安全與穩定，也在他的生活中表現無遺，因為雖然他的事業繁多，家庭對他來說永遠擺第一位。

帕瓦洛蒂是個卓越的創建者，但他並不像其他歌劇名伶一樣唱遊全世界，他不願為自我而犧牲人性，也就是因為這樣，他才能贏得各種人的心，其中很多人以前甚至一點兒也不關心什麼叫做歌劇。

同為卓越數22／4的人尚有：法蘭克・辛那屈（Frank Sinatra）、克林伊斯威特（Clint Eastwood）、柴契爾夫人（Margaret Thatcher）、伍迪艾倫（Woody Allen）、戴咪摩兒（Demi Moore）、洛克菲勒三世（John D. Rockefeller III）。

卓越數33／6

33／6的人是優秀的治療師，想知道一切事物運作的原理，以便動手修理。他們對醫療興趣濃厚，有什麼比「修復」人體更重要的呢？因此他們需要學習各種形式的療法。真正的治療是使免疫系統正常運作，治療師的功能即是找出免疫不全的根本原因，是生理、情緒，還是最重要的精神方面的原因，對症下藥才能根治。許多生命密碼認為，33／6的人具有耶穌基督捨身救人的烈士特質。33是創意和理想主義加倍，賦予33／6的人音樂和藝術的天分。

典型人物

愛因斯坦（Albert Einstein），生日一八七九年三月十四日。

數字6的天賦通常被形容為愛照顧別人，事實上卓越數33／6一向是卓越治療家，這並不表示33／6只能在治療的領域一展長才，其實數字6真正的興趣是一窺事物的奧祕，要做好事就得找出事物的原理，愛因斯坦選擇宇宙的終極原理作為他探索的對象，他著名的話「上帝不玩骰子」一語道出數字6的性格，東西壞了一定有修補的方法，自然的奧祕終究有被發現的一天。

愛因斯坦有名的相對論為原子彈的誕生開了一扇門，這也是他原先擔心會發生的事，他自覺對發現這種傷人的知識應負責任，因此成為非戰主義者。一九四五年，他寫了一封信給當時美國的羅斯福總統，警告說德國人正在發展原子彈，稍後愛因斯坦領導一群有志之士，致力於讓各國簽署一項限武協定。至於私人生活方面，他像其他數字6者一樣，愛情有點糟糕，生活只求便利，卻醉心音樂和真理。

同為卓越數33／6的人尚有：卡內基（Dale Carnegie）、電影製作人史帝芬．史匹柏（Steven Spielberg）、英國小說家威爾斯（H.G. Wells）、影星梅莉．史翠普

（Meryl Streep）、席維斯．史特龍（Sylvester Stallone）、勞伯．狄尼洛（Robert De Niro）。

卓越數44／8

44／8的人是超級促進者，能組織大批人群，督促他們工作。他們不同於命數為8的人，因為他們的抱負是大氣魄的，對小規模的不滿意。他們最有商業鉅賈的頭腦，也最喜與大格局的機構或政府交涉工作。只要誠實無欺，發揮建造的能力，44／8便足以呼風喚雨、改寫歷史，影響政府決策。一旦潛能全部發揮，他們就是天下無敵了。

典型人物

據我所知，很少人有此數字，因為此數字並非每年都出現。另一方面，也沒有什麼名人的生日屬於此卓越數。

第3章◀ 占星學與生命密碼

研究生命密碼時免不了會產生疑問，世上人千百種，一樣米養百樣人，很難認同人只能分成九類；何況同一天出生的人何止千萬，包括雙胞胎在內，他們的性格顯然也各不相同。

生命密碼並不是主張同一天出生的人就會具有相同的個性，其實相信你已注意到，第二章著重的是人生課題和天賦，性格部分著墨較少，因為影響性格的因素太多了。

性格之養成可分成先天和後天因素。生命密碼關心的是人生的課題，因此不論某一日有多少人出生，這些人該學習的課題是相同的。但是他們的出生地、父母、姓名、待人接物的方式、人生際遇等等，在在影響其性格。以其獨一無二的個性去學習人生的課題——追求人生的目標。

為了更明確了解性格特質，上述客觀環境的細節似乎非常重要，但生命密碼了不起的地方就在於少了這些細節，仍然能夠準確地推算一個人的個性。生命密碼的運用方法很多，最簡易的方法就是結合占星術，深入揭露人的內心世界。

占星學也是以數字（即出生月、日、每日星座的位置）為基礎，再加上生命密碼，準確度就更加提高了。

生命密碼與占星學如何結合呢？我們以汽車為例來說明，汽車有四個要素：

（A）廠牌：例如「福特」。

（B）款式：天王星。

（C）傳動系統：引擎和變速裝置。

（D）方向：汽車要去的目的地。

占星學告訴我們前三項資料，生命密碼則是提供前三項的細節和第四項——也是最重要的資料：方向。

太陽星座是一個人的「廠牌」，是內部的構造；上升星座是「款式」，亦即外

貌和給人的印象；月亮星座是「傳動裝置」，亦即處事的方式和感情生活。古人認為月亮星座最重要，因為它支配我們的行動。

生命密碼指點我們迷津，告知我們對人生的期許、追尋的目標，和與生俱來的稟賦，照亮了人生的方向，協助我們到達目的地，不致誤入歧途。

生命密碼認為人生以學習為目的，占星學則提供學習方法，並且描述各人的特質。我們必須先了解它組成的四大元素和十二星座的意義，再進一步分析。

四大元素之影響

四大元素將星座分成四類，每一類包含三個星座，並說明各星座的學習與處事態度。真正的學習即是：改變，各星座對「改變」的觀點如下：

（1）火象星座：牡羊座、獅子座、射手座

火焰如何變動？火焰因燃燒的物質而變化。燃燒未盡之前，火舌會跳動，而且不停變換。但這些改變只是一時的幻覺，火會不停燃燒，直到被水澆熄、踩熄、吹

熄、燃料耗盡而熄，或用其他方式撲滅為止。

火星如何變動？火象星座的人總在最後一分鐘才改變，因為已別無選擇，因為他們自詡為權威，是他人的支柱，其實不然，他們只是藉燃燒產生能量，燃料是來自他人的主意和生活的經驗。燃料用盡時他們才會學習，那時旁人已放棄不再幫他們的忙。

火是第一個元素，因此火象星座的人受到1數的獨立特質影響。和1數的人一樣，火象星座的人其實需要聽別人說話，尊重他人，放下一切以自我為中心，感謝他人的付出和功勞，學習自我控制，如此才能避免他們重蹈覆轍，走入極端，人生才能和諧。這是容易學習的法門。

（2）土象星座：摩羯座、金牛座、處女座

土地如何變動？土通常很穩定，不易改變，地形雖然會隨著歲月緩慢變動，但除非地震、洪水、火山爆發或挖土機施力，才會造成劇烈改變。

土象星座的人喜歡保持現狀，唯有在極端的情況下才會屈服。他們天性喜歡慢

慢學習，或以艱苦的方式獲得教訓。不過有一個辦法可以加快步驟，因為土是第二個元素，受2數影響，所以應學習與倚賴有關的課題，達到改變的目的。

讓土象星座的人快速學會的方法是不應等別人來強迫他們改變，應該接受一項事實：快樂和成功是來自自己的追求。他們應該訂定目標改進自己，經常檢討、反省、分析自己，再擬定具體的步驟和方法。放鬆心情，別再抗拒改變，凡事多朝好處想。改變總是好的，雖然要等到日後才能知道是怎麼個好法。

（3）風象星座：天秤座、水瓶座、雙子座

空氣如何轉變？它並非實體，經常在流動與變化，只有溫度升降或施以外力才改變。

風象星座的人性喜改變，他們的改變是自發的，而且往往沒有顯著的理由，把其他星座搞得莫名其妙。如何改變不是重點，擇善固執才要緊。他們能理解人生該如何改變，問題是他們常常虎頭蛇尾，只有三分鐘熱度，一段時日之後，又故態復萌。

風象星座受3數的理想主義影響，因此必須多聽聽別人的意見，實際一點，不要光說不練，要言出必行，朝正確方向改變並貫徹到底，才能心想事成。風象星座的人需要確立目標，但必須堅持目標到底，其他事情改變無妨，如此才能專心一志，用心學習。

（4）水象星座：巨蟹座、天蠍座、雙魚座

四大元素中以水為最獨特，溫度、地震、重力，任何外力都可以改變它，它像空氣一樣經常變動，是最善變的星座。

水象星座對環境非常敏感，一有危險立刻有反應，因此常自找麻煩。平靜無痕的水最美。陽光普照又無風浪的湖面和海灘最引人入勝。水象星座應以此自勉，追求平和安定的生活。不過不太可能，因為他們極易受環境影響而迅速變動。

水象星座與4數有關，人生應以追求真正的安全感為目標。需切記，物質和感情無法給與安全感，真正的安全感來自內心。所以切莫對環境和他人的變化如此敏感，把心思放在自我了解之上，才能更堅強，周遭的變動才不致引起恐慌、害怕，

和其他的負面情緒。先掃除所有內心的不安全感，保持穩定，視周遭雜沓而來的改變為自然現象，趁機改進缺點。

十二星座

生命密碼結合占星學可以更詳細地描述人的性格，因為在原有的星座特質上，增添了出生月份這個數字的說明。要正確描述之必須使用的曆法不是現代的陽曆，而是古代的陰曆。

根據陰曆，一年始於春分，即是牡羊座的第一日。古時牡羊座是每年的第一個月，依現代曆法則是三月二十日到四月二十日。因此要算得準的話，陽曆和陰曆都要列入考慮。

牡羊座

公山羊頭上有巨大捲曲的犄角，是在求偶季節彼此鬥毆用的。其實所謂打鬥並不精采，只是角頂著角，大聲地叫，毫無戰技策略可言，全是直接往前衝。

這幅景象有助於了解牡羊座。他們天生好勝，一步贏而全盤輸也不在乎，而且爭勝的方式非常直接。他們性子急，禁不起激，一受不了就立刻出手攻擊，因此極有主見，毫無耐性總是主控全局。這種態度逼得他們自己快崩潰，他們仍然還要凡事都插一手。

牡羊座是第一個星座，因此有領袖風範，最獨立也最難纏。牡羊座固然希望與人平起平坐，最好還能地位比別人高一點，當領袖或國王更棒。他們個性很強，為了獨立自主不計一切代價，待人忽冷忽熱，人際關係不夠穩定。他們應該謙虛一點，讓別人感覺受重視、被需要，才能獲得愛戴與尊重，而毋需鬥爭而來。

三月出生的牡羊座受3數影響兼具創造力和溝通能力，四月出生的則如4數擅長組織與建立安全感。牡羊座深諳恭維之道，加把勁，就能成大器，是最容易成功的星座。

金牛座

金牛身形龐大、強而有力，特質是能長時間工作，毫無倦態，但拙於應付高速

度或快速變化的工作，然而成就人生，他們已綽綽有餘，如果環境安定，金牛座會忠實地、年復一年地工作下去，直到根基紮穩，苦盡甘來。

金牛的弱點是有耐力卻無速度，身軀龐大故缺乏衝勁，只好牛步慢慢拖。環境需要他緩慢安定的步伐則無所謂，怕就怕金牛固執、不肯改變，徒增人生的挫折。因此應極力避免不穩定的感情和職業。

陰曆第二個月的金牛受2數倚賴性影響，喜歡有人帶領。雖然精於辨識、分析、但不貿然行事，寧可保持現狀，喜歡這樣風格的人自行加入金牛的行列無妨，否則的話，金牛較適合寧靜恬淡的生活。

這種態度常使金牛座與許多絕佳的機會錯身而過。老是等人帶頭無異坐等寶貴光陰流逝。金牛應學習獨立和冒險。找到合適的對象和職業之後，再好整以暇地邁出穩定緩慢的步子。要抓住機會，適度攻擊，莫再枯等幸福從天上掉下來。

四月出生的金牛座受4影響組織能力強，但是比五月出生的金牛座頑固，後者受5數影響，擅長處理公眾事務、獨立作業，是金牛座當中最懂得變通的，但需努力自制，下定決心，切莫三心二意。

雙子座

雙子座的圖形是兩個勾肩搭背的兄弟。據希臘神話記載，雙子座的始祖是一對斯巴達的士兵卡斯特和巴樂斯（Castor and Pollux）。要了解雙子座得先問雙胞胎最喜歡做什麼。首先，雙子座愛說話，能言善道，擅長溝通，理解力強，表達能力佳，又很有創意。

雙子座有兩個腦袋，因此特別聰明，學得很快，很懂得與人互動的祕訣。他們樂於接受考驗，如此才能顯出他們應變的能力。問題是雙子座說得多，做得少，因此需要腳踏實地，穩重一些。

雙子座是第三個星座，3數的人生課題是發展溝通技巧。雙子座喋喋不休，愛與人溝通，但是光表白自己的想法尚不足恃，最好能深入挖掘真理、剖析真理，才能言之有物。

理想化的雙子座應多採納他人的建言，最好別再唱高調，老實做事比較好。面對現實，追求真理，切實地擬定行動計畫。玩世不恭的雙子座凡事只看表面，這樣對他們有害，等到真相揭發，要自救已為時晚矣。

五月出生的雙子座能言善道、長袖善舞。他們應多多自我節制，專心追求目標，否則容易迷失人生的方向。六月出生的雙子懂得照料他人，最好先把自己照顧妥當，再去替別人操心，切忌多管閒事，他人求援時再出手相救即可。

巨蟹座

希臘神話中的大力士赫邱利斯（Hercules）的第二項苦差是除去九頭怪獸海德拉（Leraean Hydra），牠的頭砍了又生，砍也砍不死。他與怪獸惡鬥之時，怪獸之友螃蟹前來襄助，箝住赫邱利斯的腳，當場被他一棒打死在地。

這個故事顯露了巨蟹的本性。螃蟹小又脆弱，殼雖硬，一經貫穿便命歸黃泉，而且天敵眾多，因此個性敏感，對一切威脅和變化都有反應——往往反應過度。直接攻擊他或他關愛的人，他會拚死命地防衛到底。

巨蟹座對危險和他人的攻擊十分敏感，勇於保衛自己和家人，一旦他心生防禦，就打不倒他，所以最好不要直接威脅他或向他挑戰。螃蟹不往前走，也不後退，只能橫行，因此縱使遭遇直接攻擊也不會退縮，所以最好的辦法是改變話題，消弭威脅於無形，不用直接而以間接的方式來解決問題。

巨蟹是第四個星座，4數的課題是安全感。巨蟹座最缺乏安全感，因此努力工作以建立安全感，但是再豐沛的愛與金錢也無法令他安心。唯有勇敢面對人生的風浪，徹底了解自我，才有真正的安全感可言。這就是巨蟹座的挑戰，安全感只能內求，不可寄託於外物。巨蟹必須自我分析，觀察哪一種活動能帶來自信和心靈的平安，如此才能規畫生涯和職業，產生安全感和自信心。

六月出生的巨蟹具有照料他人的稟賦和藝術的資質，精於解決各個人的疑難雜症，但必須別人求助才伸援手，為他人服務，不可施恩望報。所謂施比受更有福，不是嗎？

七月出生的巨蟹座分析技巧和追求真理的功夫精湛，可惜他們也害怕面對真相。決策時應以現實和真相為考量，否則將大禍臨頭。七月的巨蟹比六月的巨蟹有財運，除非他們懶得去賺。

獅子座

獅子是叢林之王，因此格外要求他人尊重和公平的對待。獅子座以皇族自居，不屑於太稀鬆平常或太小的東西，進了餐廳，點的菜總吃不完，這樣才符合王室的身分。獅子座購物從不問價錢，只問與形象風格是否搭配。只要有面子，價錢不是問題，就算負擔不起也要裝闊。發生在他身上的事都是大事，他會鉅細靡遺地加以描述，好像那件事很不得了，畢竟他是一國之尊，一舉一動都令人側目。

獅子座生性慷慨，卻境遇悲慘，因為他們有愛人的心，卻不懂愛，一心想探究愛的極限何在。他們行事極端，拚命想證明他們比人強。盡情享受人生的獅子座眼光高、口氣大，好像什麼也難不倒。其實他們無法每件事都說到做到，畢竟他們是凡人，不是君王。

獅子座認為人要勇敢，挺身而出，但他們是說的比唱的好聽。他們最需要自由，最想主宰自己的命運，但是苦於缺乏勇氣，心有餘而力不足。生命密碼說明了獅子座為何如此的原因。

排行第五的獅子座生活方式很極端，想盡情運用五種感官到達極限為止。他們的舉止表現好像自以為是公眾人物，人人都在注意他的衣著和舉措。他們戀愛插曲不斷，因為他們對愛情不夠深刻，從沒聽說獅子座的人殉情或心碎而死。命數5的課題是拿出勇氣爭取自由，獅子座也是如此。需了解真正的幸福並非源自極端，而是來自自制；魚與熊掌不可兼得，選擇和設定目標時必須有所節制，量力而為。

七月出生受7數影響的獅子座有發現新事物的能力，能致力使心願得遂。但要戒除懶怠的惡習，空談很容易，要有行動證明。

八月出生的獅子座擁有生意頭腦和權力欲，一心企求良機來發展新點子和締造帝國。和8數一樣，但是他們必須誠實以對，不可浮誇或與現實脫節，成功才可預期。這是獅子座最艱鉅的挑戰。

處女座

十二星座中，三個風象星座——雙子、天秤、水瓶——的代表圖案都是人，剩下一個唯一以人為代表的星座是土象的處女座，這點對了解處女座的特質甚有幫助。處女座的圖案是一位年輕少女手持麥束，漫步於田野間，散發純真、健康的氣息，是永遠長不大的姑娘。

以人為代表的星座以思考為取向。誠如思緒不斷轉換，這些星座改變的速度也令人目不暇給。他們忽略自己的感受和本能，居住在一個意念不停改變的世界中。處女座為自己的思緒所困、喜歡交談，和風象星座一樣樂於學習。

但不同於風象星座的是，處女座在知識領域中的改變和冒險是有限的。外表如風象星座般能隨機應變，內心卻有土象星座的任性；他具備少女的聰明伶俐，卻無法接受世界的某些真相，堅持己見。他們和你天南地北，無所不談，但不易接受新觀念。人雖會隨時光流逝而改變，但土象的處女座改變的速度較風象星座緩慢。

排行第六的處女座有找出問題癥結的犀利眼光，精通醫療、能解決疑難雜症，也略通心理學，能輕鬆地對症下藥。但是他們卻無法將這套本領施展到自己身上，受6數影響欠缺自信或對他人過於敏感。待人處事時，他們喜歡自己動手做，一方面是覺得自己該負責，一方面是認為自己能做得比別人好。

處女座需要全力內省和自我分析，以便解決個人問題，找出不安全感的根源，然後採取行動改善，坦誠相對，改變觀念，才能建立幸福健康的生活。自己打理好了，才能照顧他人的需要。

八月出生的處女座受8數影響較有主控力，喜歡權力而且勇於施展權力。但是他們需要誠實、自我分析檢討，才能成功。

九月出生的處女座聰慧過人，能提供高品質的服務，但必須駕馭自己的想像力，盡可能切合實際、目標明確。

天秤座

天秤座的圖案常以一天平代表，但事實上是一位女性，一手執天平，一手執劍。天平的功用是衡量和比較，因此天秤座善於分析批評，崇尚正義和平。劍則是用來執行決策的，也許不容易下決心，一旦做成決議，即無後悔的餘地。天秤座的人可以冷面無情的姿態出現，有時利劍還會傷人。

天秤座愛好和平、和諧，最容易相處，但他們有時會忽略事實，明明有人心地邪惡、玩弄他人、心懷不軌，不能假以顏色，天秤座仍能視而不見，因此造成嚴重的問題。

天秤座是第七個星座，受7數影響，擅長分析和追求真理，因此天秤座能撇開情緒，邏輯思考。他們喜歡分析道理，並探究隱藏其後的真理，強調追求真理的過程，遠勝於追求的結果。他們有自信想要的就能到手，而且不難，因此常常懶得追求，並且拖拖拉拉。然而一旦振作起來，成果會十分豐碩。

天秤座受7數影響，發現真相之後會變得很超脫，可以完全視若無睹，以保持表象的安定，因此解決困難時經常猶豫不決。

天秤座必須勇敢面對真相，不可優柔寡斷，蒐集事實之後，快刀斬亂麻，別顧慮太多。他們應以真理為依歸，堅持原則，擺脫假象，建立以真理為基礎的生活。

九月出生的天秤座擁有具象和想像的能力，愛好藝術、樂於助人，特別的是他們雖然為人服務，卻給人溫暖但疏遠的感覺。

十月出生的天秤座更是如此，他們受1數支配，因此獨立而且具領袖氣質，加上7數的影響，非常實際，有時過於冷酷，愛計較。他們需要謙沖為懷，多了解自己的感受。

天蠍座

天蠍是隻毒蠍子，是警覺心最高的星座。蠍子兇惡的外表是種防衛機制，用來保護牠纖弱的身體，旁人看牠張牙舞爪就會自動退避三舍。牠非常謹慎，一遇危險就翹起牠致命的尾巴來。

蠍子和螃蟹一樣，外硬內軟。正常狀況下，牠與一般動物差不多，但是牠知道自己又小又脆弱，別的動物要取牠性命是易如反掌，即使是外殼的一條細縫也能致命。為了求生存，牠多疑善感，動不動就祭出毒針。

天蠍座的人完全具備上述特徵，唯一的差異是人的體積比蠍子大。天蠍座天生有不安全感，而且了解權力的重要性，一眼就能看出誰是老大。他們直覺地清楚性和死亡是人生最強有力的週期循環，為之深深著迷並且十分看重。他們深知生命之脆弱，因此心生畏懼。生存需要勇氣，也需要接受生命的週期，天蠍座就是看不破這一點。但是無法克服恐懼或承擔風險，生活就無法幸福。恐懼是個極有效的激勵因子，但也能讓人全身癱軟，動彈不得，束手就擒。

天蠍座排行第八，受8數影響，喜歡權力，也愛拓展事業。由於受權力吸引，

一有機會，做生意也好，從政也罷，均可高居領導地位。在人際關係方面，天蠍座喜歡主導，否則至少也要平等相待，喜歡生活安穩，不喜歡突然的改變。改變安定狀態意謂權力轉移，天蠍座會視之為危險逼近，而變得多疑、防衛心重。

8數的課題是誠實，尤其是誠實待己。面對自己真實的感受，才能克服恐懼。如果他們堅守心防，不肯敞開胸懷，或只是單純地面對自己，就必須付出很高的代價。為了保持酷酷的外表，他們或得賠上健康、快樂，甚至錢財。

十月出生的天蠍受1數影響，比十一月出生的天蠍獨立。前者想攬權，讓你覺得他誰都不需要，只要權勢就於願足矣。1數和8數都是領導者，兩者相加，表示天蠍座必須特別致力於謙虛和誠實，這是天蠍艱鉅的考驗。

十一月出生的天蠍座受卓越數11／2影響，使得他們性格矛盾，既受雙重1數影響而獨立，又受2數影響而倚賴；既想獨立自由，又想和相愛、信賴的人親近，不願形單影隻。這種天蠍座應該培養獨立性，運用天賦去啟發他人，莫等他人起頭，自己就可以站出來，朝美滿人生的大道邁進。8數加上11／2數，簡直是天下無敵，完美組合。

射手座

古希臘一個叫色雷斯（Thrace）的地方，住著一群半人半馬的生物，叫山杜爾（Centaurs）。半人半羊的神潘恩（Pan）和精通射箭術的尤芬（Eupheme）生下克羅特斯（Crotus），這群人馬是克羅特斯的後裔，當中最負盛名的首推凱倫（Cheiron），他是哲人也是良師，作育古希臘許多英才，第一位醫生（醫術之神）阿斯克力皮阿司（Asclepius）就是他的門生。於是射手座結合了哲學、箭術、高深學問等興趣於一身。他們沉迷於人生心智力量，尤其是成長和探索奧祕的能力。

心智的力量來自觀念化、具象化和想像的能力，因為腦中必須先有一幅圖像出現，才知道要找的是什麼，而且還可依事實修改心中的圖像。一般的科學發現都是偶然或巧合中促成的，射手座最愛這種情形了。他們就像野外的人首馬身獸，喜歡隨心所欲，並不是因為他們想做自己的主宰，而是因為自由的盡頭蘊藏無限的趣味和刺激。

射手座繼承了祖先的精湛箭藝，事實上，箭藝不是指射箭的技術，而是個性很直接。就像命中靶心一樣，他們心直口快，有什麼說什麼，不必旁敲側擊，也不必

搞外交辭令。有話直說的結果有時傷了別人的心。射手座也有一種稟賦，說話能發人深省，進而改進別人。可惜的是很少人願意改變，更少人有雅量接受批評，反而視之為惡意誹謗。

命數是9的人喜歡真理，努力精益求精。第九星座的射手座也執著於改善人生，熱中宗教或哲學，若適度表達的話，射手座的直言無諱可以很幽默，就像喜劇演員娛樂嘉賓一般，射手座可以此服務他人，問題是人除非特意付錢購買忠告，否則不願接受批評，射手座一定要明瞭這一點。9數的課題即是要實際，面對現實，這對射手座不太容易，因為他們對現實有自己獨特的看法，並隨新的資訊時時修改。

十一月出生的射手座受卓越數11／2支配，認為非出人頭地不可，給自己很大的壓力。他們同時展現獨立和倚賴兩種性格，若要成功，須培養獨立性，堅守理念。他們想領導他人改善人生時，也很得人心。只要謙虛、勤勉、不倚賴，自然一切順遂。

十二月出生的射手座受3數影響變得理想化，但少了典型3數人的固執，因此比較成熟、快樂、幸運。他們的脾氣來得急、去得快，雨過天青後，自己也覺得可笑，根本忘了自己曾經發火。

摩羯座

摩羯座的象徵圖案是山羊，是求生能力最強的動物，居住在高高的山頂上，只要咬得動的東西都吃。不畏風霜，不怕懸崖陡峭或地形艱險，甘之如飴。山羊固執又強悍，家人受到威脅，牠會二話不說，立刻用尖角禦敵。這種了不起的動物每天盤踞在高處的家往下看世界，經常努力嘗試各種東西，看能否找到新的食物來源。

摩羯座就像山羊，居高臨下，因此也假設別人瞧不起他們，所以非常注重外表。他們的穿著必須符合形象，否則他們寧可不出門。他們也很重視房屋住家和汽車的外表，必須符合身分地位，不然他們就會悶悶不樂。改善生活的壓力驅使他們辛勤工作，增加收入，以便支付必要的開銷。如果賺不到他們想要的金額，不夠成熟的摩羯座會產生不滿。缺錢用會造成摩羯座極大的壓力，導致疾病發生。

摩羯座愛家愛孩子的程度有時更勝配偶，出乎配偶之意料。他們認為提供家人的生活水平應該符合自己的標準，因此又造成極大的壓力，所以他們需要學習別去在乎這些事情。

如果群龍無首或需要明確的決策時，摩羯座會挺身而出。他們切合實際，善於領導，但應該尊重他人，容許他人自由選擇要不要接受。雖然摩羯不如牡羊般積極，若必要時也能領導得有聲有色。但前提是必須贏得人的信賴。群眾願意追隨的話，領導的工作就輕鬆多了。

摩羯座排第十位，1＋0＝1，因此受1數影響，但0軟化其獨立性和侵略性，使之較具靈性，因此比牡羊座謙和。這樣使摩羯座的日子比較好過，雖然他們十分獨立，但並不介意隱身幕後，默默奉獻。摩羯好勝心不若牡羊，但十分自我中心，幸而0數減輕了1數的成分。摩羯座喜歡獨立、堅強、我行我素，卻不極端，不過仍要謙虛、尊重他人。

十二月出生的摩羯座受3數影響，有創意、有藝術天分、溝通、公關的能力，一派理想化，因此形象十分完美，難怪眼光高。不論他們是看人、車子、服裝、珠寶等，都能立即評斷優劣，也能鑑賞出他人看不到的美與潛能。這種獨到的眼光利於從事生意，他們能在產品上市前就看出銷售潛力如何。但是摩羯座還要懂得變通，才能把生意做好。

一月出生的摩羯座除了具備前述摩羯座的優點外，還會成為更能幹的領袖。他們的唯我獨尊，常讓人很難與其相處，儘管自己可能還未成氣候，卻仍希冀眾人的尊重與愛戴。他們一定要謙虛，不要太自我中心，唯有接受自己的缺點，旁人才會接納他們。

水瓶座

手持水瓶的女性是水瓶座的象徵。水是健康與生命之源，因此送水給人是很重要的工作。水瓶座以改善世界為己任，一有機會就去做。他們可輕易登上領導的位子，為人權、自由、人類福祉而奮鬥。

水瓶座願為多數人奮鬥奉獻，卻忽略自己，因此可說是具有雙重人格。平常隱於市井，路見不平才拔刀相助，而且是找到方法或受人催促才出手。他們一行動，頃刻之間搖身一變成為追求理想、鍥而不捨的鬥士。

生活的其他層面也可見其善變的本質。水瓶座喜歡自由、和平、相互了解，喜歡君子之交淡如水，嫌惡束縛和沉重的情感包袱。水代表深情，如果水瓶座發現愛情不夠健康，而且帶來極度的痛苦和壓力時，他們的性格會改變。一向平和冷靜的水瓶座可能會承受不住，採取激烈的手段，或揮慧劍斬情絲、攻擊對方，或自我了斷生命。面臨極度壓力，水瓶座會遊走於兩個極端之間，難怪大家說水瓶座神經兮兮的。

水瓶座受到最強大的影響力左右——卓越數11／2，故而成為啟蒙他人的恩師、指點迷津的智者、靈思泉湧的領導者。但水瓶座要犧牲個人欲望，成全他人需要，才能使潛力迸發四射。這個代價太高，因此水瓶座多半只受2數的影響。

倚賴，是許多水瓶座的毛病，他們老是期待他人積極一些，去解決問題，有困難總先等他人出面。別人尚未動手之前，他還暗暗埋怨別人動作慢，做得不夠好，他們自己不解決問題，卻仍免不了覺得自己會做得比別人好，事實上他們有解決問題的本能卻常常不用。然而，一旦他停止呻吟叫苦，決心採取行動、奇蹟就發生了，卓越數之特質開始發光發熱，使他能為人所不能為。但是唯有持續獨立、自動自發，才能成功，這是2數也是水瓶座的課題。

一月出生的水瓶座非常適合帶領人群造福社會，或為理念而戰。這股影響力使卓越數11更錦上添花。怕只怕水瓶座過於獨立，只擔心自己的問題，不管他人死活；或是自恃甚高，過於自私，沒人要他任領導人一職。這種水瓶座的人應該致力謙虛之形象。

二月出生的水瓶座善於辨識和批評，但要避免過於倚賴。11／2和2數影響是好像同時有兩股力量將水瓶座往反方向拉。水瓶座若能保持平衡就天下太平，若被倚賴的力量拉過去，潛力就無法完全發揮。太獨立，人家認為你自傲，太倚賴又令人覺得受你利用，因此中庸之道才是成功之鑰。

雙魚座

簡簡單單的雙魚圖案，意義卻很深遠。魚是群集游動的，因此雙魚座喜歡社交，和人群在一起。魚性敏感，而且可快速改變方向。水中世界危機四伏，魚兒必須能隨時偵測危險，及時逃生。典型的雙魚座對環境的變化和魚兒一樣敏感。環境變化引起他們思緒波動，因此他們的立場總是搖擺不定。他們弄不清楚自己的心

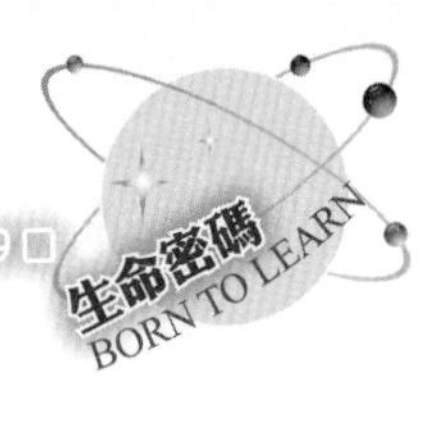

意，所以優柔寡斷。資訊一直在更新，他們如何肯定誰說的話才是真的？

你見過魚群嗎？牠們可以同時掉轉方向，好像有人在發號施令似的。雙魚座像變色龍一樣，適應環境的能力極強，因此人緣好是他們的優點。他們能立刻和人打成一片，所以交友時要慎選，避免與幼稚的人交往，要向值得推崇的人學習。

雙魚座的典故最稀奇。古希臘人認為地母產下怪物颱風（Typhon），是為了報復天神宙斯（Zeus）殺死她二十四個怪獸兒子。颱風相貌猙獰，手足是蛇，能自腸中噴出岩漿。眾神非常害怕，紛紛幻化成各種動物，逃離奧林匹斯山，只有雅典娜敢與牠一決勝負。

宙斯恥於自己的懦弱，回來助雅典娜一臂之力，最後擊退颱風，將之置於西西里島的埃特納山之下，迄今仍是歐洲最活躍的火山。這則神話敘述的顯然是西元前兩千年色拉島（Thera）火山爆發事件。有些人認為此處是傳說中亞特蘭提斯的所在。

宙斯戰勝之後，用星辰代表眾神幻化的動物，包括：公羊代表宙斯（也代表牡羊座），牛代表天后希拉（金牛座），山羊代表酒神戴奧尼索斯（摩羯座）、雙魚代表阿芙柔黛（維納斯）和她的兒子艾羅斯（丘比特）。

受到阿芙柔黛和艾羅斯影響，雙魚座愛好美、熱情和感情。雙魚座不但愛美、還能以藝術形式表達美的意念。他們有藝術家的滿腹理想，本能地了解世界應該是何模樣，能藉工作傳達意念，尤其與人一對一溝通時，效果良好，成功可期，只要避免怠惰就可以了。他們需要正經的辦事、有明確的目標，及果決的行動，否則只會一味拖延，一再更改計畫，長此以往將一事無成。

1＋2＝3，雙魚座受3數影響，滿懷理想，擅長溝通，具有創意和幽默感。12是個特別的數，生辰再怎麼相加，得出的和絕對不大於12，表示雙魚的意識層級較高，較有才華，直覺較靈敏，學習能力很強，可以舉一反三。有時候雙魚座首次嘗試的事，做得比多年老手還要好。有些人認為由此足以證明雙魚座位於最後一道輪迴，他們歷經了很多世，學了很多，這一世是最後一關，要證明他們能實踐正確的理念。

二月出生的雙魚座受2數影響，使他們性好團體活動，而有過分倚賴他人的問題，若能較為獨立，人生會更美好，千萬不要因他人而阻礙自己前進的腳步。2數善於對比及看事物的兩面，因此極容易思前想後，而難下決定，甚至躊躇不前。大環境的細節一一都要摸清楚，反而易陷入見樹不見林的情況，無法真正認清自己到底想要什麼。二月份雙魚座的挑戰即是認清目標。

三月出生的雙魚座再度受3數影響，理想化和創意超乎常人。他們同時因無法實現理想而備感壓力。其實他們應該認清事實，並非每一件事都能達到預期，計畫進行不順利的話，只好接受事實。換句話說，應該降低標準，才能按部就班，達到最終目標。

第4章 生日的意義

現在你已明白如何推算靈數和命數，也知道如何將生命密碼運用到占星學上，深入了解人的性格。這些數字可以畫成圖表，揭露性格的優點和缺失，告訴你如何截長補短，朝成功之路邁進。

但研究圖表之前，先來比較生命密碼和占星學。如前文所言，每個人有三個星座：太陽星座、月亮星座、上升星座，各自代表性格的不同層面。

太陽星座和命數相似

生命密碼也用三個數字來描述性格特徵，截至目前為止，我們已學會其中兩個，第一個也是最基本的是命數。它和太陽星座相似，是因為兩者同樣反映出人的欲望和需要學習的重要課題。

月亮星座和靈數相似

月亮星座代表人做事的方式。不論人心裡怎麼想、嘴上怎麼說，行動才是最重要的，因此過去認為月亮星座最為重要。凱撒大帝在硬幣的正面鑄上自己的臉孔，背面則鑄上他的月亮星座——摩羯座（山羊），即是一例。

生命密碼中的靈數也代表處事的態度，但生命密碼比占星學強的地方在於靈數不但說明行事態度，還指出其天賦是什麼，如何發揮。

上升星座和出生日相似

上升星座講的是他人對你思考和行動方式的觀感。出生日也能提供這一類的資料，許多占數家認為利用出生日來占卜個性最為準確。不知道某個人的出生年時，用出生日來推算也很方便。

出生日代表個性，即使生辰資料不齊全，無法算出命數，故而無法得知其志向，但得知出生日即可測知他的思考方式，解答某些人生的問題。

若能綜合出生日和星座，差不多便可推測出命數是多少。生命密碼可以推算出每個星座的心願和生活目標，再加上出生日，你就能得知他的想法，也能相當準確地預測他對事情的反應。

出生日的影響

接下來將告訴你不同的日期出生的人會有怎樣的想法。其實你不需要把三十一種變化完全背下來，以九個數字為主去推算，將兩位數相加得出一位數，就表示該個體的思考方式如何。

例如，3日出生的人和命數是3的人一樣具創造力、充滿理想。12日出生的人和3數一樣，只是比較懂得變通，有時獨立，有時倚賴，對藝術有濃厚興趣。

0數的影響

30日出生的人想法和命數是3的人差不多，但較不具企圖心。0數會淡化命數的影響，因此3日出生的人喜歡發號施令，30日出生的人寧可隱身幕後，與他人共事，同時對精神領域較有興趣，個性不如3日出生的人有固執傾向。

推算的方法

找出一、二個字詞來形容每個數字，當你推算某日出生的人的性情時，即可輕鬆扼要地一語中的。例如4日出生的人即與4數的安全感、組織力課題有關。又例如15日出生的人，想法和6數（1＋5）的人雷同——喜歡治療他人或照顧他人，再綜合1數的獨立和5數的自由。依此類推，即使忘記下文所列之細節，仍然能推測人的性格特質。

下列是各出生日的主要性格特徵。

1日——獨斷獨行，好指揮他人，不喜歡聽人指揮或勸告，期望得到平等的待遇。

2日——個性倚賴，喜歡合夥的關係，敏感，辨識能力強。

3日——人緣佳，擅長逗人開心，愛好藝術，喜歡引人注意。

4日——渴望安全和安定，沒有具體證據不輕易接受新觀念，不願有所改變。

5日——樂於探究新觀念和結交新朋友，渴望盡情享受人生，因此痛恨一切形式的控制或限制。

6日——樂於照料他人，享受被需要的感覺，以此為基礎來做決定。

7日——深入思考，質疑一切，喜歡獨力解決問題，獨處賦予其力量，但是也有溫吞、懶散的一面。

8日——致力發展理念以求獨立和改善生活，經常高估自己的能力，為求成功不擇手段。

9日——風趣又創新，樂於助人但不知適可而止。

10日——自信但不自傲。必要時願意追隨別人，但有時自私自利，除非心智成熟才能克服自私的天性。

11日——喜歡鼓勵別人並給他靈感，覺得自己有內涵、有能力啟發他人。但不發揮天賦的話，會變得倚賴、灰心喪志。

12日——非常有原創力，具雙重性格，因此人緣極佳。切莫經常壓抑心底真實的感受，否則一旦爆發，後果堪慮。

13日——工作認真，懂得上進，慧眼獨具，能在絕處創造希望。看似獨立，其實相當情緒化，藉外力才會快樂。

14日——熱中發掘新觀念、尋找相關資料、精益求精。耽於享樂，感官十分發達。

15日——獨立但不孤僻，喜歡自創新的角度去教人解決他的問題。

16日——思慮縝密，對新奇、不尋常的事物著迷，尤其是與健康或美好生活有關的事物。喜歡一個人靜靜思考，強迫自己達到高標準，因此給自己很大的壓力。

17日——喜歡有潛力的人、事、物。懂得以各種方式解決問題，獲致成功，但解決之道有時不切實際。

18日——樂於助人，但有時助人時卻產生奇怪的感覺。願意無條件付出，好幻想，可是又希望自己務實，完全掌握局勢，兩者之間極難調和。

19日——喜歡當主角，助人時心裡感到很快樂。有時過於驕傲，好做白日夢，但最後都能恢復理智。

20日——細心體貼，不喜歡獨來獨往，寧可別人帶頭，自己跟在後面。然而有朝一日做主，也能展現極佳的解困能力，對細節相當注意。

21日——喜歡取悅他人，引人注意。不鳴則已，一旦開始積極進取，可能無法收拾。

22日——精力過剩，擅長建構與組織，具有經營企業的本能。

23日——崇尚自由，對自由的定義有自己獨到的看法。有創意，能舌粲蓮花，不喜歡受拘束。

24日——對家庭、愛情等人際關係十分在意，是解決問題的能手，創意雖不足，但善於開發使之更周全實際的新提議。

25日——靈性高於一般人，喜歡思索。經常分析以臻完美與真理。固然喜歡與人親密交往，獨處也能怡然自得。

26日——看似親切、樂善好施，實則暗中牟利。為了表現出和藹的樣子，經常壓抑自己的感受，到最後付出極大的代價。

27日——和命數是9的人一樣講求人性，充滿幻想，但頭腦非常清晰，能遠離禍殃。通常無視於自己的潛力，落入感情的陷阱。

28日——權力欲和領導力強。能隨情況需要時而溫和時而強悍。需要和他人共事，並有本領脫穎而出。

29日——天生風趣，才華橫溢，靈思泉湧。助人和娛人的方式令人感動。經常有人求助於他，而他也欣然伸出援手。但倚賴的個性使生活招致挫折。

30日——理想化但樂觀，能娛樂眾人但不願過度引人注目，然而有人注意也暗自得意。執著於高標準不願降低。

31日——多才多藝，能運用創意使局勢穩定並且正常運作。個性堅強，樂於和他人分享。

第5章 生辰圖表之解析

生命密碼根據生辰算出三個基本數字，描述當事人的性格特點。我在此提供另一個更準確的詮釋方法，更能深入了解人的個性。將所有數字組合起來製成圖表，不但能指出人的優缺點、天賦何在，星座的影響，還能解析人內心的矛盾。這份圖表可以幫助我們化解矛盾，不致讓某些衝突的天賦和欲望糾結在一起。

首先將1到9按左圖排列，然後如第一章所述，將出生年、月、日相加得出命數。

7	4	1
8	5	2
9	6	3

例5.1

甲生日為1975年12月12日

計算如下：1＋9＋7＋5＋1＋2＋1＋2＝28

2＋8＝10

1＋0＝1

得出28/1

再將生辰和得出的數字，以圈選的方式標明如下，靈數和命運皆須包括在內：

1	4	7
2	5	8
3	6	9

注意，1出現五次（故有五圈），分別是出生日，出生月，出生年，命數10，和總和1＋0＝1。2有三圈，得自出生日，出生月，靈數28。其他只有一圈者分別得自出生年和靈數。

例5.2

乙生日為1952年6月15日

計算如下：1＋9＋5＋2＋6＋1＋5＝29

2＋9＝11

1＋1＝2

得出29/2

圖表標示如下：

1	4	7
2	5	8
3	6	9

1有四圈，分別得自出生日，出生年，和卓越數11。2有三圈，得自靈數29，出生年，命數2。5有兩圈，來自出生日，出生年。9有兩圈，得自靈數29和出生年。6的一圈得自出生月。

生辰圖表的作用

分析生辰圖表要注意兩件事。第一，哪些數字有圈圈，哪些沒有。圈圈越多的數字，影響力越大。沒有圈圈表示性格缺陷在此，需要補強。

第二，留意哪些數字可以連線。連線一共有十二種可能性。以某甲的例子而言，一九七五年十二月十二日，共有三條連線，1—5—9、2—5—8、7—8—9。連線表示性格優點所在。

連線過多或過少代表的意義

生辰圖表沒有形成連線或只有一條連線的人，非常清楚自己的喜好和目標。其實圖表越簡單的人個性越單純，個性矛盾越少，因此效率很高。

擁有兩條連線以上的人表示具備較多項能力，但多不一定有益，反而造成矛盾，不知專注哪一個才好。有些人甚至有十二條連線，結果成為挫折感最深的人。太多才多藝反而不知專心發展哪一項好，所以有些人老是找不到合意的工作。什麼

都好什麼都不好，關鍵是找工作或定目標需以命數為準，如此才能集中才藝，專心一致，充分發揮天分。

圈圈會「跳格」

一個數字上的圈圈不只一個，表示該數的天分很高，因此能激發其他天分產生。圈圈會「跳」到緊鄰的數字上，意即產生新的天分。以某乙為例（一九五二年六月十五日），在某些特別的情況下2和5的圈圈可以跳到3，使某乙具有創意。

數字上有幾個多出的圈圈就能跳幾次，以某乙為例，1的圈圈可以跳至4和7。因此他各種天分都可以經由圈圈跳格取得。

Dr.Lenis小語

你可能會發現西元二〇〇〇年後出生的人，在命盤上沒有連線，甚至連圈圈也很少，例如二〇〇〇年一月六日出生的人，並沒有任何的連線，只有在2、1、6和9四個數字有圈圈。這樣的狀況下，該如何能立刻解讀命盤？這類人大都比較簡單，通常都很了解自己喜歡什麼，不喜歡什麼。

圈圈無法跳格的情形

圈圈僅能直線跳到緊鄰的數字上。例如1的圈圈無法跳至8或6，因為彼此不在一條線上。2多出的圈圈也無法和7或9分享。同理，3跳不到4和8，4跳不到3和9，6跳不到1和7，7跳不到2和6，8跳不到1和3，9跳不到2和4。但是5則無所限制——果然是自由之數。

圈圈如何跳格？

正常情況下圈圈不會跳格，只是某項能力特別強而已。圈圈跳格非常不易，需要完全發揮潛力，辛勤工作，或犧牲很大才行。以例5.2某乙為例，分析比較的技巧發揮到極致時，2的圈圈才會跳到3，當工作需要這樣的才能時，某乙的靈感會不可思議地泉湧而出。

某乙若是業務員，充分運用5的交談技巧和社交技巧，有時5多出的圈圈會跳至3，令某乙靈光一現，使交易成功或很有創意地解決客戶的問題。

使圈圈跳格還有另一個方法——刻意的努力。欠缺某些技巧的人可以「以物易

物」。例如某乙可以犧牲自由，換取創意，但多數人會認為這樣不值得。

不以物易物的話，還有兩個辦法可以彌補欠缺的技巧，首先靠後天的學習。例如某乙可以到學校選修創造力的課程，經過長久的練習，仍然能獲得這項技巧。

成長和求學過程中，我們會習得原本未曾具備的天分。因此生辰圖表顯示的是先天的優缺點。但通常師長會協助我們改進缺點，因此長大後這些缺點就不明顯。但大多的人命定課題尚未修習完畢，仍需面對人生的問題，缺點便照舊存在。

第二個取得天分的方法是結交有些天分的朋友，兩人互補長短，問題頃刻就能解決。

Dr.Lenis小語

命盤中有很多圈圈和連線的人，則跟圈圈和連線很少的人正好相反，他們的心思比較複雜，對很多事也比較難以做出決定。他們通常很機智，卻也不確定自己要做什麼或者不喜歡什麼，因為他們的興趣太廣泛了。

圖表上數字的意義

生辰圖表上的數字沒有圈圈的，表示該項技能需要開發或鍛鍊，是我們的弱點所在。一個圈圈表示該項技巧相當平衡，負面的影響不明顯。兩個圈圈表示達成該數字代表的目標的意願很強烈，兩個圈以上表示意願強不可當，因此彰顯了該數字的負面影響。將每一個數字當作能量流程的步驟之一，最容易了解生辰圖表的奧妙。能量的形式是經常變幻不定。

1數

傾向特質：獨立

1數是所有能量的源頭，源源不絕地流瀉出來，是能量流程的第一個步驟，也是最重要的步驟。它能提供驅策其他數字發揮活力的能量，1數上頭有很多圈圈，表示活力旺盛，精明幹練，自動自發，具備成功的所有條件。不耗盡這股力量容易導致憂鬱和氣餒。

1數上有圈圈使人立志獨立，圈越多，想獨立的意念越強。如果圈圈是圖表上最多的，表示此人的個性深受1數影響，遠甚於命數的作用。1數代表領導欲和創造力，如果兩者未平衡發展，將會令他人不自在。1數的影響太強使人顯得自私和專橫。1數上只有一個圈或沒有圈的人（西元二〇〇〇年後出生的人即有此可能），做事時往往保留精力。他們寧可在公司或團體工作，以便隨時有人支援，利用現成的資源，也不願白手起家。

2數

傾向特質：倚賴

2數和1數相反，代表接收能量。2數上有圈圈表示此人對分量均衡非常敏感，生怕吃虧，深諳圖利之妙，旁人不易占他的便宜，有時候會讓沒有2數的人覺得他們自私和有心機。

2數意識到一體存在兩面，故而擅長分析和解決問題，看事情較為透徹。因此天賦有寫作、說故事、戲劇表演，甚至有雙重人格。

2數上有圈圈的人也擅長比較搭配，對穿著及生活極有品味。但若4數上有圈圈者會抵銷2數的影響，令人趨向保守，使人的藝術天分也受限。

2數上沒有圈的人待他人比待自己好，經常遭朋友或情人傷害，同時不講究穿著，也不會為他人惹麻煩。

3數

傾向特質：追逐理想

3數將能量均分為三等分，形成鐵三角。這種能量使用很有創意，因此3數具有創造力。三角形代表理想的觀念和事物，因此表上有3數的人十分理想化。由於3數擁有溝通和創造能力，雖然有時這些天分未能發展，但他們仍十分理想化。由於3數渴望完成理想，因此深為美的事物所吸引，認為那是理想的極致表徵，甚至因而做出不合邏輯或出人意表的決定。如果理想可以達到，3數的效率就奇高無比，但理想若是訂得太高，則會永遠對生活不滿意。

3數上沒有圈圈的人沒有興趣應用創造力，不理想化，只重實用，死守過去的

經驗，不願創新。

4數

傾向特質：尋求安全感

4數接收能量並使之穩定，像桌椅即以四隻腳呈現安全穩固。築牆造屋的磚也是四方形。4數具有組織能力，性喜保持現狀，也就是說容易食古不化。相信過去能建立安全感的方法不應隨意更改。4數上有圈的人擅長找出行得通的方法並精益求精，願意辛勤工作期使生活安定。如果圈圈很多的話，會變成完美主義者，對別的表現永遠吹毛求疵。

4數沒有圈的人容易受他人影響而改變看法，較理想化，而無條理。

5數

傾向特質：追求自由

5數有圈的人打破4數建立的藩籬，讓能量任意來去。五角形不如四方形容易堆砌成一個大的結構，因此最宜獨來獨往，自由自在。最好是努力經營事業，有所成就後再去追求更高層次的自由。5數的圈不只一個的話，會產生負面影響——缺乏爭取自由的勇氣，委曲求全。例如婚姻不幸福的人會隱瞞真相，不願斷然解決，更別提離婚，他會為了孩子犧牲自己的幸福，甚至搞外遇，只要不拆散家庭就好，換言之，能逃避就盡量逃避。

5數有圈的人能獨立作業、白手起家、能言善道、長袖善舞、喜歡旅遊、享受美食、充分利用感官。

5數沒有圈的人需要別人指導或督促、較為內向、對愛情缺乏安全感。

6數

傾向特質：負責

6數將四散的能量再度聚合成形。六邊形具有力量和彈性。城堡的角樓多半為六邊形，乃是取其穩定和設計簡易。6數有圈的人對他人的感受和需求很在乎，很關心他人的觀感。這樣的個性利弊互見，優點是非常貼心，懂得照顧人，缺點是易受他人影響，造成觀點扭曲。

6數有圈的人解決問題有一套，但是好擔責任，有時負責過度變成霸道。不只一個圈的人怕造成他人痛苦而隱瞞真相。更糟糕的是表面和氣，其實別有用心，等他人發覺其用意，友誼和信任就付諸流水了。

6數沒有圈的人對人坦誠，對他人的需求很遲鈍，不輕易受人影響，因此必須學著敏感一點，才能改進溝通技巧和人際關係。

7數

傾向特質：發掘真正的力量

7數有圈的人拿能量做出驚人之舉。彩虹由七色光組成，七色又組合成世間所有的色彩。7數特別了解萬事萬物的精義，因此好比持有「免死金牌」，麻煩危險從不上身，吉星高照，手氣極佳。但守株待兔的心態令人懶散、不思振作。此外，7數令人習於獨處，以便「充電」。

7數有圈的人喜歡宰制他人和事物，圈圈多的人變得專橫，令人受不了。不但要控制人，還不肯輕易放手，非常黏人，和他在一起好像是一生的承諾。1數的人也很專制，但是較懂得好聚好散的道理。

7數沒有圈的人應該踏實工作，切莫依恃運氣。不是說7數有圈的人就不必努力工作，而是他會比沒有圈的人容易成功。此外，7沒有圈的人喜歡熱鬧，但命數是奇數的人例外。通常生辰圖表上奇數越多的人，越需要自己的時間。7數沒有圈的人對當老闆或宰制他人較不在意。

8數

傾向特質：展現成長

8數將能量凝聚成八角形——最強有力的形狀，城堡慣用八角形來強化支撐力和增大體積。中國人用八卦驅邪、改風水、化解煞氣。圖表上8數有圈的人天生有商業頭腦及公關能力。不但如此，8數想要廣結善緣，以便有朝一日出人頭地，有名有勢。他們看得出人事物的潛能和力量，全力開發，個性討喜，不把真正的想法說出來。8數的圈不只一個的話此人權力欲很強，甚至會以欺瞞的手段博取名利，有時因

此付出慘痛的代價。8數的人應該對自己誠實，不必隱瞞真相，否則是自討苦吃。

生辰圖表上8數沒有圈的人不在乎權勢、事業，不善理財，甘於平淡，較願表白內心的感受。

9數

傾向特質：人性化的服務

9數完成能量之流程，準備用盡餘力再從頭開始。九邊形看起來已接近圓形，故9數是收尾的工作，照顧有需要的人，解決宇宙最後一個問題。但是解決最後的問題需要高度的智慧來剖析真相，對症下藥。

9數有圈的人聰明絕頂，學習能力和理解能力都很強。樂於造福人群，為全人類謀福祉。但知識分子好作夢，不夠務實，圈圈越多，想像力越豐富。他們若是肯採取行動來實現夢想，則潛力無窮。

凡是一九〇〇年後出生的人，生辰圖表上的1和9都會有圈，因此具有9數的某些特點。9數只有一個圈的人比較實際，懶得思考。事成當然開心，不成也無所謂，改做別的。他們最好有軍師或參謀可商量，或是要先有遠見，以大局著眼，莫在乎枝微末節。二〇〇〇年後出生，9數沒有圈的人需要開發想像力和思考力，以造福人群為宗旨，莫汲汲營營於一己之私利。

連線

生辰圖表上共有十二條連線，我們要探討的是八條主線代表的基本性格，以及四條副線代表的人際關係。在下文的討論中，筆者給每一條線兩個名字，一個名字描述正面的意義，另一個描述負面的意義。

連線顯示個人天分或志向，如果連線不只一條，圈圈最多的連線影響力最大。連線越少，連線部分的影響力越大。沒有連線的區域表示亟待開拓。最簡單的開拓方法是找個優缺點和你互補的朋友，或是正式學習自己欠缺的技巧。

1－2－3藝術線或任性線

有這條連線的人創造力強，手很巧，有藝術細胞，但也太理想化和太挑剔，如

果從事的工作和藝術無關，人生便充滿挫折，不快樂。

沒有1－2－3連線的人也具有藝術天分，但會缺乏沒有圈圈數的特質。少2的人需要學習顏色搭配，勤練寫作技巧；少3的人不論從事何種行業都要開發創造力。

4－5－6組織線或完美主義線

喜歡有條有理，井然有序，願意費心解決他人的問題，特別能控制局勢並且建立安全感和秩序。有時過於要求完美，反而因小失大。由於完美主義者永遠不滿意，故而損失不少生活的樂趣。

7－8－9權力線或貴人線

擁有這條連線的人迷戀權力，有人脈可成就大事業，天生好運加上生意頭腦，如果目標有計畫，勤奮工作，則攻無不克。他們也很有靈性，重視精神生活，應開發這方面的本能，導引眾人改善人生。有時候這條線也代表他們很懶散，習慣受人幫助，因貴人多，故求救容易，久而久之成為惡習，老等別人幫忙。

1－4－7物質線或貪財線

擁有此線的人，喜歡運動健身或成為運動員，注重性生活，只要有錢，單純的生活即能滿足，四肢發達，肉體反應靈敏，非常實際。有時過於現實變得拜金，易執著錢財而很難相處。需切記拜金的結果是獲得一時的快樂，永遠的後悔。

2－5－8感情線或饒舌線

易受影響而情緒化、較外向、容易與人交心、表演能力極佳，如歌唱、舞蹈、演說。勇於表達感受，不怯場，有時說得過頭變成沒有分寸或過於直率，雖然有話悶在心裡有礙健康，但必須有所節制才不會敗壞名聲或無謂地傷害無辜的人。

3－6－9智慧線或空想線

熱中思考，凡事非三思而後行不可，外人看來是在自尋煩惱。他們聰明伶俐，卻疏忽情緒和身體健康，因此需要定期運動。有時他們會完全脫離現實，陷入空想，甚至花上一輩子的時間作夢，毫無採取行動的跡象。想得太多和1－4－7連線的欠缺思考一樣有害，一樣造成生活不快樂。

1－5－9事業線或工作狂線

每天都需要工作或從事生產，對各種行業都興趣濃厚，工作時最快活，下班後腦子也停不下來。休假太久令他們沮喪憂愁，一開始上班即精神百倍。有事業線的女性因種種原因必須照料家庭，所以沒有外出工作，會變得非常沮喪。有時事業線會驅使人為工作犧牲一切——愛情、子女、家庭、假期，甚至健康。工作狂對這種不均衡的生活樂在其中，但到頭來賠上一切，到那時仙丹也無力回天。

3－5－7人緣線或爭寵線

有這條連線的人人緣極佳，意見極易為人所接受，又具備行銷手腕。他們能鼓動三寸不爛之舌說服別人採取行動。藝術表演、政治、公關、廣告都是合適的行業。然而有時候人緣線使人耽溺於名聲，要靠人緣或名望來肯定自我。愛聽掌聲的人一旦失去他人的注意，會很難自處。

四條副線

2－4靈巧線或詭詐線

有這條線的人希望維持不變又能成長，好比又要馬兒好，又要馬兒不吃草，這是不可能的事。成長意謂改變，人要勇於改變。有這條線的人十分聰明，企圖像魔術師一樣做不可能的事。通常他們能開闢財源，還能協助他人大發利市。有時他們會濫用這個能力，為了成功，不惜欺詐瞞騙、鑽法律漏洞。

2－6公平待人線或利用他人線

有公平待人線的人能替人著想，喜歡與人共事，待人和待己差不多，但他們始終認為自己對別人比較好，其實不然，有時人家還會認為他們占人便宜，和2數沒有圈的人打交道時尤其如此。後者向來待人寬厚勝於待己而不自覺，若別人未曾相對

付出則令他們傷心，因為他們付出的真的太多了。

2數有圈，6數卻沒有圈的人對待自己比較好，甚至會利用別人。

6－8親切誠實線或隱瞞感受線

有這條副線的人在乎別人，視人如親，雖認為他人回饋得不夠，仍然不改初衷。這種個性也有缺點，為了表示親切，有時會壓抑心裡的真實感受，說些好聽的話掩飾，久而久之，不滿的情緒不是損害身體健康，就是爆開來採取激烈手段。他們或許會要求離婚或乾脆出國，一走了之，絕不肯再努力解決，留下愕然的伴侶，指責他們粉飾太平，不肯傾吐心裡的感受。

4－8工作模範線或內心不安線

生辰圖表上有這條連線的人是可靠的朋友和員工，個性穩定，樂於迎接改變和成長。但是他們卻為內心之翻攪所苦，一方面不願冒險，一方面又想成長，兩者無法平衡之下便產生焦慮。除非他們具有2－4這條連線，否則是不會用不義的方式來解決。如果他們的解決方式不合法、不道德、不誠實，最終還是招致失敗或嘗到苦果，這是8數的作用——怎麼收穫怎麼栽。

Dr.Lenis小語

本章之解說乃是簡化生辰圖表分析法而成，完整版的分析法包括：

- 各連線的意義和相互衝突的連線。
- 沒有形成連線代表什麼涵義。
- 圖表上的數字集和形成的幾何圖形有何涵義。
- 各個數字的圈數表示什麼意涵。
- 數字沒有圈的代表何種意義。
- 上述涵義加上命數和靈數可詳細解析個性、溝通方式、人際關係的和諧度。
- 上述涵義綜合三個星座（太陽、月亮、上升），可決定運用哪一種策略來經營事業、賺錢、戀愛、增進個人成長，以及促進身體健康。

上述所列詳盡的解析將見於日後私人諮商、研討會，和系列書籍。

第6章 使愛情更繽紛

多數人將人生的成功定義為愛情甜蜜、事業有成、身體健康。生命密碼可以幫助你達到成功的人生，因為它指出個人的缺點何在，以及阻撓你成功的因素是什麼。然而，成功還有一個要素，就是冷靜清晰的頭腦，能夠認清考驗的本質，做出正確的決定。有時候下決定很痛苦，不過諺語說得好，不勞則無獲。

本章旨在促進各式人際關係的了解和溝通，但其中之探討集中於愛情部分，因為人生大部分的問題是由愛情衍生而來的。適用於愛情的道理放諸四海而皆準，可以運用到其他人際關係上，如交友、雇主關係、親子關係等。詳細說明每一種人際關係會占去本書極大篇幅，因此其中之奧妙請讀者細心慢慢體會。

愛情和婚姻

心理學家認為我們選擇某位伴侶並非因為對方真的適合我們，而是和童年經驗有關。人類基於各式各樣的理由來利用人際關係，包括平復兒時的傷痛、重現兒時的環境、報復兒時遭受的虐待、表達憤怒等等，不一而足。人際關係因而變得十分複雜，再加上生命密碼中所說的人生課題，情況就更單純不起來。

往事已矣，童年之遭遇已無從改變，必須接納自己的過去，尋找影響性格之成因，才能享受美麗的愛情。生命密碼在此派上用場。根據生命密碼的看法，童年之經歷絕非偶然，童年之所以如此，因為我們注定要學會某個課題。因此我們必須試著接受並發掘該學習的課題是什麼。

美麗愛情的基礎是健全的人格。時間是最偉大的教師，教導我們成為身心健全的人，但是並非每一個人都學習得很順利，有的人領悟力強，有的人則永遠學不乖。一個人是否學習到人生的課題可由其成熟度判斷得知。不成熟的人，人際關係一塌糊塗，充滿煩惱和痛苦。兩個不成熟的人在一起，非學好人生課題不可，否則結果只有一條路，不是一起成長，就是分手。

戀愛之前要弄清楚兩件事，首先，雙方都必須是成熟的個體，已經成功地改進過自己。關於成熟一詞，稍後將有詳盡解釋。

第二點是了解彼此各有各的性格和愛情觀。在決定進一步交往尤其是結婚之前，務必要熟悉對方的想法，否則就是自掘墳墓。愛情觀因人而異，有的人重感情，有的人浮誇不實。這不是慘痛的經驗或其他心理因素造成，誠屬個人心靈和愛人能力的差異。

生命密碼認為情人分兩種，一種為奇數，1、3、5、7，較為獨立；另一種為偶數，2、4、6、8，較為倚賴。9數較為特別，可以獨立支天，也可以小鳥依人。但是9數有倚賴的傾向，找戀愛對象時尤然。

面對各種人際關係的根本矛盾時，這兩種情人的差異尤為明顯和重要，也就是付出和獲得的衝突，該愛對方幾分，又該讓愛控制我們幾分。許多愛情亮起紅燈，正是因為付出和獲得無法平衡，一方付出太多，另一方卻給的不夠。正常的愛情應該付出與回收相抵，才不會有一方覺得受人利用或吃虧。

數千年來，男人控制女人，視女人為私有財產，談不上什麼付出與獲得要平衡。婚姻之目的只為傳宗接代，男性要獨立，女性該倚賴——雖然不見得每一對夫妻都是如此。如今時代改變了，這樣的安排令人不滿。離婚率日益攀升的今日，新的愛情關係已然誕生，稱之為「同儕愛情」。

在這樣的愛情裡，愛情至上，事業、子女、家庭次之，一切家事雜務共同分擔，打破男主外、女主內的藩籬。如果女方收入較高，男方可以任職「家庭主夫」，打掃內外、做飯、照料子女。這種婚姻雙方相互獨立，有愛有尊重，不玩權力遊戲。

現代婦女有權要求男女平權，她能供養自己，獨立生活，甚至能經由人工受孕做「無性」媽媽。但是男性尚未完全接受這種轉變。大多數男性仍需學習平等看待女性，做女性的朋友，與她分享，和她溝通，一同做決定，不再是控制女性的沙文主義豬。

命數是奇數的人生性獨立，較易擁有雙方都獨立的婚姻。命數是偶數的人要學習獨立，切莫再想：我和你一樣獨立的話，就會分手；我必須犧牲和改變自己來討你歡心，不然你會離我而去。這種想法徒增內心痛苦。個性倚賴的人必須改變自

己，不要付出過多，感情是要付出，但付出應該要有限度，超過限度就表示分手的日子不遠。他們不可因愛盲目，走向毀滅。如果這份感情帶給你的只有愁苦，不如分開，另覓更合適的對象。

猴子陷阱的故事足為之戒。獵人在密閉的箱內放根香蕉做餌，只留一個小洞，大小恰好容猴掌進出。猴子受香蕉吸引，伸手入洞拿到香蕉，卻卡在洞口拿不出來。猴子捨不得放棄香蕉吸引，只好乖乖束手就擒。猴子雖聰明，卻參不透自由比香蕉可貴的道理。

命數是奇數的人要學的剛好相反，需要付出更多，更努力適應彼此。他們的付出必須與獲得相當。施比受更有福，吝於付出的後果不是你瞧不起對方，就是對方受不了，拂袖而去。當然不是所有命數為奇數的人都有慳吝的毛病，視其成熟度和其他因素而定，不過一般而言是如此。

下文簡述了每一個命數的獨特愛情觀。你可以加以利用，判斷自己適合和哪一種人交往，或是深入了解自己的愛情觀。成熟、彼此了解的男女，可以超越命數的影響，共譜悅耳的戀曲。

九種愛情

1數——你必須接受1數的人喜歡發號施令，他們的愛情觀很獨立，你不是和他平起平坐就是低他一等。因此你必須非常自信、樣樣優秀，他才會尊重你，平等看待你。

2數——他們需索無度，樣樣事情要你幫忙，因此你必須是樂於助人型的才能合得來。如果你個性獨立，會受不了他們的糾纏。一旦你停止付出或是減少付出的心血，他們就會認為你不愛他們了。

3數——你必須彈性十足才能遷就他們的觀點。3數的人眼光很高，你想維持你倆的感情就必須贊同他，符合他的高標準理想，別妄想教他改變，那是自找麻煩。如果你倆理想相同，則幸福婚姻指日可待。

4數——你要言行一致，4數的人喜歡安定，嫌惡改變。假如你不喜歡承擔責任而且偏好改變，你會把他逼瘋，自己也受罪。和4數深交之前，確定你如你所說的喜歡安定最好。

5數——請給予5數的人最大的自由，切莫強迫他們，否則他們勢必反抗。愛情中的自由最難拿捏，因為戀愛幾乎等於放棄自由。你們的感情似乎

很不穩定，因為對方老是讓你隨時覺得岌岌可危，其實他們不見得敢斷然分手。

6數——和6數的人在一起，要隨時準備受他（她）照顧，任他（她）擺布。6數的人愛你勝過自己，就算你們的感情有問題或是他（她）不開心，他（她）也不會告訴你，一直積壓在心中直到爆發為止，到時後果不堪設想。如果你不喜歡這種激烈的愛情和事事隱瞞的作風，最好離6數的人遠一點。

7數——向所謂的真理俯首稱臣吧。7數的人在追尋真理的過程中或許會有所發現，即使並非真理，他們也深信不疑，一切便屈居其次，包括愛情在內。別做「殉情記」式的美夢（那是6數的作風），坦然接受互相尊重、了解、包容的愛情吧。

8數——給彼此充分的空間是和8數的人戀愛的祕訣。他們雖對人生目標了然於心，卻不見得會和你分享。他們可以是最善良的，經常改變自己來配合你。但是改變也有限度，如果你不給他們一些他們最想要的權力，麻煩就大了。千萬不可限制他們拓展事業或開拓生活領域，即使他們未開口也要平等對待他們，否則哪天他們將苦水一古腦兒全傾吐出來，你就等著和他們分手吧。

9數——他們的愛情既輕鬆也沉重。他們城府很深，卻裝成大智若愚的樣子。天生對愛情充滿想像卻深藏不露。和9數的人相處需要耐心和彈性，能經常想辦法改善生活。你不喜歡成長的話，終究會和9數的人起衝突。假如你實事求是，就會受不了他們好作夢的本質。他們必須用自己的方式、有足夠的空間去體會你話中的涵義。

成熟是神奇之鑰

健全的愛情最需要心智成熟，成熟是一把神奇之鑰，能開啟幸福之門。因此我們必須了解成熟是什麼，如何判斷一個人成不成熟。判定成熟共計有四項標準：成功、學習、價值觀、性愛。

第一項：成功

簡單的說，健全的愛情關係就是兩個成功的人在一起，使得成功加倍。成功意味著個人已發掘自己的潛能，而且完全發揮出來。如果快樂的滿分是一百分，那麼有五十分需要靠自己，五十分來自他人。假使你已充分發揮能力，自日常之活動得到五十分的快樂，即可獲得相當的滿足感，你會覺得沒有愛情也無妨。（只要有十分來自愛情以外的關係即可過關）你已經很快樂，所以不需要情人帶給你快樂。這就是真正成功的人生。

如果你已心有所屬，但雙方的人生都尚未成功，問題就大了，而且會每況愈下，終將愛情帶來的快樂扼殺殆盡。不滿人生的人想利用愛情增添快樂，只會榨乾愛情，對方會壓力太大而無法持久，最後你將賠上自己的愛情。這種方式既不健全也不自然。愛最多只能給你五十分的快樂，等到愛情耗盡能源，兩人的感情也就走到盡頭了。

Dr.Lenis小語

如果你不快樂，為沮喪或健康因素所苦，要盡快走出這種困境。有很多你可以做的事。首先是去運動，運動可以平衡你的荷爾蒙、排除體內的毒素，並讓你更年輕、更有活力。當然，有非常多不同的運動可選擇，不過重點並不在於你選擇哪些運動，而在於你是否能有恆心的持續下去。同時，不管有氧運動或訓練肌力運動，你都要兼顧到，那表示光只有走路是不夠的，走路可以是運動計畫中的一部分，但是你也需要運用到自己的肌肉，經由伏地挺身、仰臥起坐、蹲坐和其他的柔軟體操就可以簡單的達到效果。

除了運動之外，你需要改變自己的飲食。最健康的飲食就是不要吃加工食品，包括不要吃奶製品、垃圾食物、速食、用麵粉做成的烘焙產品和麵條，以及糖。

一旦開始吃新鮮的食物，你就會覺得自己更健康也更強壯。接下來你就要開始讓自己所吃的東西有一個交替循環。這包括每天都吃不一樣的食物，每五到七天就有一次循環，這樣做在於讓你的身體差不多四天就可以排一次毒。如果每天都是吃同樣的食物，你就不能使吃下去的東西排出毒素，且容易累積在體內導致發炎——那會使你容易沮喪、情緒不穩，以及產生很多其他健康方面的問題。

正確的基礎飲食如下。以六天為一循環，吃不同的含澱粉和蛋白質的食物。例如

星期一吃雞肉和米飯，星期二吃牛肉和馬鈴薯，星期三吃豬肉和豆類，星期四吃新鮮的魚和南瓜，星期五吃用麥粉做的海鮮煎餅，到了最後一天星期六則光吃蔬菜。你可以隨意更換自己喜歡的菜色組合，不過星期六只能有一種食物。在一個星期過後，你會驚訝自己竟然覺得好多了。這種進食方式不但會讓你的心理和身體更健康，也會讓你感覺並看起來更年輕。

另一個讓自己快樂的方法是培養興趣。當你覺得疲累或沮喪的時候，找件自己喜歡的事情去做，就像打了一劑快樂針一樣，會讓自己精神百倍。興趣如果可以發揮一些創造力最好。嚴格來說，運動並不能算是一項興趣。理想的興趣包括音樂、藝術、寫作……等，甚至玩遊戲也很不錯。如果實在不知道自己喜歡什麼，可以利用下班後或課餘時間去上一些不同的課程，直到發現自己的興趣在哪裡。

此外，興趣也能幫助你改善生活。有很多人在退休幾年後就開始生病，甚至面臨死亡的威脅，因為他們一停止工作，突然不知道自己該做些什麼，而這種狀況會使免疫系統受到損害而生病。

第二項：學習

願意學習是愛情成功的要件，一個人再成熟圓融，總還有再進步的空間。精益求精，人生才會更成功。終身學習而且願意有所改變，使我們成長、成熟、更快樂，這就是白首偕老的祕訣。

選擇終身伴侶時，務必選一個有學習能力的人，並確實證明他（她）願意改變，切記：光說不算數。證明的方法之一是問對方性格有哪些弱點？過去曾否戒除惡習？可有不喜歡自己的地方？若有，最近一年來可曾嘗試改變？如果沒有，那麼兩年來可曾試著改變？五年來，十年來呢？假使對方始終未曾改善，可能表示對方不願意改變，那麼你們的愛情就不樂觀了。

假使對方確曾有所改變，改變的動機是什麼？是自動自發還是迫於情勢？從對方改變的過程我們可以鑑往知來。你自己也要回答這些問題，看你是否已準備好迎接愛情的到來。

Dr.Lenis小語

最理想的狀況是，你能找到一個不但有開放心境，也願意有所改變的伴侶，並能在生活方式上跟你有所契合，願意學習或接受一些你已了解或學過的事。很多對夫妻在剛開始時非常契合，不過後來因為彼此的生活方式實在差距太大，最後還是分開了。

我曾經遇過一對戀人就是因為這個原因而分開的。當女方享受各種食物，喜歡看愛情電影和喜劇片時，男方只吃中國菜和看動作片。這樣的結果使他們一起出去時，男生和女生到不一樣的餐廳吃飯，看電影也是看不一樣的片子，即使之後會再相約碰面，但他們之間的熱情也隨著時間而漸漸的冷卻了。

類似的事情也發生在另一對夫妻身上，女生有非常虔誠的宗教信仰，且是一個嚴格的素食主義者，當這對夫妻想找一間共同都滿意的餐廳享用食物時，是很困難的，在看影片時的選擇也是格格不入，甚至在性生活上也非常不協調，最後只好走上離婚一途。

第三項：價值觀

愛情美滿的另一個先決條件是雙方的價值觀。請對方和你一起將下表各項列成排行榜，看哪一項最重要——父母、子女、健康、愛情，還是事業？假設你的排行榜如下：

（1）愛情
（2）事業
（3）健康
（4）父母
（5）子女

先請對方寫妥之後，再將自己的排行榜給對方看。如果對方不答應，不妨猜一猜他（她）會怎麼排，通常可以猜個八九不離十。假設對方的優先順序如下：

（1）事業
（2）父母
（3）健康
（4）子女

（5）愛情

由此可以看出雙方對愛情應占的比重看法相當歧異。除非兩人對愛情看法一致，否則終有一天你們必須在愛情和（此例中的）事業中選擇一個。自這兩份清單可以看出，兩人的愛情前途堪憂。

重視事業甚於愛情的人會犧牲愛情來成全事業。魚與熊掌不可得兼，一天只有二十四小時，要保持愛情的鮮度必須花時間。許多人卻把時間花在事業上頭，以為金錢可以買到一切。事業忙碌的人為了補償情人，只好利用深夜約會，但白天太忙碌所以精神不濟，頭腦昏沉。這樣的時間品質不佳，於愛情有弊無利。維持愛情必須注意相處時間的品質，拿出初次約會的熱情，減少工作量，早點下班。借用其他事情的時間投資在愛情上面，感情才能歷久彌新。

凡事都有代價。選擇哪一項對你最重要時，千萬要考慮代價是什麼。建議你以健康為重，失去健康，你什麼也沒有，什麼都不能做。少有人知道營養能影響腦力，使你情緒化或緊張。血糖過高和內分泌失調可使人失去邏輯思考的能力。注意健康才能與人正常溝通，愛情才有機會開花結果。

有了健康的身體才能完成所有的目標。如果你最重視健康，請縮短工作和約會的時間、飲食均衡、經常運動、戒除惡習。

愛情應該擺在第二位。身體健康之後，你就可以全心呵護愛情。如果對方和你的想法一致，你再也用不著擔心失戀，大可盡情享受愛情的喜悅，因為愛情令你空前健壯。

剩餘三項的順序因人而異。只要健康和愛情名列前茅，你自然能妥善照料家人，生活美滿。將子女擺在第一位的人請注意代價，最後可能犧牲婚姻或事業。然而只要你清楚自己在做什麼，心甘情願，能夠承擔後果就好。

很多人誤以為只要達到法定年齡或生理成熟就可以擁有愛情。這個想法大錯特錯。愛情應奠基於情感、心理、精神三方面的親密。美滿愛情的前提是健全的人格，否則婚姻遲早出問題或以離婚收場。心理障礙會澆熄初相識的火花，使雙方爭執不斷。

Dr.Lenis小語

跟對方有健康的互動關係，本身有清礎明確的價值觀是很重要的一環。一般人對愛情、事業、父母、孩子，以及健康的重要性排列順序是非常模糊的。大部分人在自己想要的事情上，大都會隱藏一些內在的想法。怎麼說呢？例如有些人想要愛情的理由可能是因為性，或想要有人可以照顧他們，或是能獲得經濟上的安全感，又或是其他的原因。一個可以更準確評估自己價值觀的方法，就是先去分析自己需要什麼，並期待從中可以獲得什麼。

例如你覺得事業對自己是最重要的，是因為那可以讓你有錢呢？還是因為可以發揮自己的才能？又或是其他的原因？

你覺得健康很重要，是希望自己沒什麼大毛病就可以了，還是希望能非常健康，連小病都沒呢？一旦對自己的價值觀有非常明確的了解，就可列出一張更加準確的表單。

第四項：性愛

性占愛情極大的比重，戀愛雙方一定在某種程度上被彼此的外貌吸引，才會想要共享魚水之歡。性生活的協調十分重要，如果無法滿足彼此的性需求，感情將岌岌岌可危。性生活不協調者應尋求專業協助與解決，切不可輕忽，因為性是愛情的頭號殺手。

生命密碼能幫助你了解情人的「性趣」。請先算出對方的命數若干，再對照下文。但是這樣只算了解一半，另一半要參照星座部分。下文附有星座部分，請列入參考。

有些人的命數和星座正好相同，例如1數的牡羊座，這樣的情形使得「性趣」說明更精準。大部分的人則是綜合兩者。

了解伴侶的性愛傾向與習慣之後，你就能投其所好，或是引導對方投你所好。有些人喜歡事前先營造氣氛，有些人喜歡隨興之所至，有所創新。不論如何，請尊重每個人的個別差異。不論彼此多麼不同，但仍應彼此溝通，包容體諒。

1數，牡羊座，摩羯座

喜歡隨興、直接進入重點，不喜歡拖拖拉拉。喜歡採取主動、嘗試新花樣。他們知道自己怎麼才會滿意，但別忘了也要令對方開心才行。

2數，金牛座，水瓶座

較被動，喜歡營造氣氛，也許來點角色扮演更佳，認為性要激動熱情，較喜歡以愛撫為前奏，性愛過程越長越好。

3數，雙子座，雙魚座

性以歡樂創新為要，切忌一成不變。強調氣氛、有趣，他們認為性是一連串歡樂活動的壓軸。

4數，巨蟹座

性在自己掌握之中，定期舉行。有效的招數一用再用，不喜歡改變。

5數，獅子座

全身感官一齊享受性愛：嗅覺、味覺、外貌、聲音、觸覺等等，愛撫使他們亢奮。隨興之所至，一有衝動馬上就要獲得滿足。喜歡在性愛過程中和事後談話，增益做愛技巧。

6數，處女座

對方的滿足勝於自身的愉悅，因為經常壓抑自己，所以較無法享受性愛的快感。他們喜歡營造氣氛，感到對方想要他（她）、需要他（她）。請鼓勵他們放開束縛，盡情享受。

7數，天秤座

認為智慧和啟發很能挑起情欲，缺少此二者便失去性趣。對方必須值得尊重、有智慧，才能充分共享床笫之樂。

8數，天蠍座

強調隱私和性愛的刺激度。他們既想取悅對方，也想控制全局以滿足自己。有時心有所欲卻怕對方不贊同，因而產生挫折感。他們需要控制權，也要放得開。

9數，射手座

有時喜歡侵略，有時喜歡順從。伴侶必須善察他們當時的心情，否則他們會失去性致。他們喜歡運用想像力玩性遊戲，而且喜歡創新。氣氛經營得好則皆大歡喜。

Dr.Lenis小語

當彼此的性關係出現問題時，要試著找出真正的原因，可能的原因包括了身體狀況不好、沮喪和心情不好、缺乏自信心等因素。找出原因後的下一步就是要很誠實的跟對方說明狀況，誠實是最好解決問題的方法。經由這兩個步驟，有些人會知道彼此對性關係的興趣有多少，也有些人會發現自己是同性戀，更有些人會發現過去的負面經驗仍影響著自己有正常的性關係。學習如何將過去經驗中所得到的負面情緒釋放出來是很重要的。

何時是結婚佳期？

婚前徹底了解彼此才能談終身大事。男女交往不見得會結婚。了解對方是否為合適的對象需要長時間觀察。婚前不細考，婚後徒悲傷。一般而言，人要兩年的時間才能充分彼此了解，才有資格決定是否步上紅毯，相隔兩地的戀愛需要更長的時間才能知己知彼。在此之前，你需要先決定伴侶是否夠成熟，足以面對婚姻。最重要的是，你喜不喜歡這類型的愛情。

婚外情

所有的感情問題中，最痛苦的莫過於單身者愛上有夫之婦或有婦之夫。這種婚外情持續的原因，往往是有家室者承諾將來會離婚，和單身者共組新家庭。但結局常非如此，情況通常是一拖再拖，使雙方都痛苦不堪。

陷入婚外情的人需要質疑自我的價值。如果真愛自己、看重自己，何苦自找罪受？證據顯示，「不倫」之戀者多半有心理問題。就算已婚的一方果真離婚和單身的一方結合，婚姻依然會充滿障礙，下場也多半分道揚鑣。

婚外情多半是不滿婚姻生活，想在不影響家庭的狀況下，另覓他途滿足自身的需求。外遇可以提供暫時的快樂，但長久下來情況更糟糕，因為真正的問題並未獲得解決——他自己正是問題的根源。

如果你捲入婚外情，筆者建議你找位心理醫師協助你發掘真正的自我價值何在，學習珍愛自己、照料自己。或是閱讀自我成長書籍和自修式的心理學書籍，參加個人成長課程和研討會。你必須了解婚外情根本不是愛情，你是在自討苦吃，他（她）本不屬於你。如果對方真心愛你，會先離婚再來追求你。

你最好告訴對方，你愛他（她），也愛自己。再繼續下去對你不公平，等他（她）恢復單身再說。如果對方真有心，必會如你所求離婚。如果對方拒絕離婚，你應樂得脫離苦海，對方只是利用你療傷尋歡而已，你的犧牲沒有代價。如果你花同樣多的心思在真正愛你的人身上，想想你倆在一起豈不是只羨鴛鴦不羨仙？

注意警訊

很多人的婚姻不理想，卻幻想著情況終有一天會改觀，或是相信某一天他們會遇到更好的人，一切問題迎刃而解。這種想法大錯特錯，婚姻需要經營，少有人一拍即合，一輩子和樂的。夫妻雙方應時時改進，改不掉就找專業協助，若對方根本拒絕改變，你就應拒絕婚姻。

不離婚就無法另覓良緣。對方若是真心的，一定會先確認你單身再來獻殷勤。如果他不先確認身分，一心只想調情，可見他並不那麼好，自私而且不尊重你，只想逞一己之快。覓得佳侶的唯一方法是把情況打理清楚，先恢復自由之身，否則合適的人選出現，你只有惋惜自己錯失良緣，就像不肯放掉香蕉的猴子，被送到動物園，失去自由和開闊的自然空間。

婚姻生活出現負面情緒可別掉以輕心。如果你憤怒、嫉妒、內疚、悲傷，或覺得伴侶不夠坦誠，最好找出原因。忽視這些警訊將導致巨變。你一定要採取行動，尋找病根，挽救危機。挽救不了只好勞燕分飛，唯有如此你才能追求健康幸福的人生。

沒有人堪稱完美。如果你或伴侶不願改變現狀，或性格有嚴重缺陷，還是早作了斷得好。你沒有義務充任心理醫師，請他（她）自求多福或尋求專業協助吧。

做愛情的烈士沒有快樂或報酬可言。試捫心自問：如果伴侶愛你，為什麼要折磨你？你應該保護自己、照顧自己。如果做不到的話，表示你還不適合戀愛，仍須努力自我改進。

第7章 命數的相容性與相處之道

愛情真奇妙。中古時期的人以為戀愛是一種病症，需要用醫藥治療，因為墜入情網的人思考欠缺邏輯，像少根筋似的，因此古人以為得了腦部疾病。現代的人明白戀愛不是病，但造成的問題一樣要人命。很多人願意為愛犧牲一切，認為只要兩人相愛，天下所有的難題都可迎刃而解。

電視、電影和小說把愛的力量過度浪漫化，以為有愛就能解決一切，卻忽略了愛情的極限，以及建立良好親密關係的方法。愛情不是萬靈丹，只是為某人所吸引的深刻感受。如果一對男女在生理和情感方面都彼此深深吸引，便可能墜入愛河。此時兩人的心中產生愛意，將彼此拉近。換句話說，愛情好像透明膠，將情投意合的男女黏在一起，戀愛、結婚、生子。

如果愛情只是透明膠，我們一下子就可以猜到哪種戀愛方式產生的膠最多。例如熱戀中的男女卻必須兩地相思；搖搖欲墜的感情；不合法或是不被認同的感情；或是情侶剛剛分手後。這些情形下，黏膠在耗損中，因此大腦會拚命分泌更多的膠。危機意識越重，膠越多，兩人自然會黏得更緊。如果危機持續不退，腦中膠太多，雙眼被黏住，連現實世界也看不清，情況就危險，情感也格外脆弱。

置身在這種不健康的情況下，我們無法對環境的變化做出正常反應，不是過度反應就是不按牌理出牌。愛得過火保證感情會走火入魔。健全的愛情需要男女雙方細心觀察每一個細節，才能時時刻刻平等及公平地彼此對待。要冷靜清晰的頭腦才能辦到這一點。愛得過火的人看不清事實。只憑愛不能解決嚴重的問題，只能讓相愛的人守在一塊兒，一起思考對策。

雙方滿意的幸福婚姻具備許多條件，最重要的條件就是成熟度，其次是相容性。雙方若都成熟，星座或命數起不了作用。耐心地坦誠溝通足以解決問題。但是大部分的人不夠成熟，還在努力學習，或說應該學習如何建立美滿的愛情生活。

有個簡單的辦法可以建立良好的感情關係：選擇一個處得來的伴侶——一個容

易溝通、想法接近、欣賞你優點、尊重你的個性的人。你可以與之同甘共苦，彼此依靠共同學習，相互啟發。問題是這樣的人到哪兒找？找到時又如何確認呢？

古時的婚姻全憑父母作主，媒妁之言，合不合得來不重要，只要各自扮演好賢夫良妻的角色就好了。夫妻合不來只有認命的份，離婚只是恥辱的烙印，許多宗教也不允許。除非配偶過世，這一輩子算是沒有指望了。

現代人對婚姻要求較高，希望伴侶是情人也是朋友。但是沒有一個方法可以有效率地找到合適的伴侶。你不能到某機構去填妥資料，數天後，他們就替你物色到一個天造地設的伴侶。認識朋友的機會很多，但是不先交往看看無法得知兩人是否合得來。換言之，合不合得來，也就是相容性，是個嘗試錯誤的過程，或是碰運氣。更糟的是，徹底了解一個人需要很長的時間，你很可能進出情場多次，還是找不到合適的對象。女性壓力尤其大，生怕耽誤了生育年齡。我們應該如何解決這種困境呢？將來的人或許能弄通人際相處的道理和標準，用電腦來配對。但目前有一個現成的方法可用——生命密碼。

有意中人的生辰八字在手，你可以初步了解他（她）的個性，明白你們相不相容。這樣可以節省很多時間，如果對方不合適，早點做個了斷，再繼續尋找合適的對象。只要不斷認識新朋友，就不斷有機會。

生命密碼固然能推測男女雙方相不相容，但有些人明明合不來卻硬要在一起也無妨，生命密碼能協助雙方了解彼此和諧相處之道。如第一章所言，人生之目的在於學習，自錯誤中學習是最好的方法，然後找出犯錯的原因。不相容的愛情提供許多自錯中學的機會，在尋思問題對策的過程中，學習到更多，更上層樓。或許有人會因此辯稱相容性並不重要，重要的是成熟和樂於學習。須知生命密碼之目的不在破壞人家的好事，而是在教導男女雙方如何相處，互相學習。

先自命數和星座的相容性來探討各種愛情的要求。命數部分和星座部分都要看，才算得準。

星座間的相容性

占星術認為每一個人有三個星座：太陽星座、上升星座、月亮星座。三個星座若能和諧，相容性最高。但上升星座和月亮星座需要專書如天體位置推算曆或電腦軟體協助才能推算，而且還要將占星學研究透徹，須耗費相當時日。推算太陽星座則相當簡單，只要以生日去對照十二星座的劃分日期就可以了，參看報紙上的星座運勢圖或下文的表也可以。

得知伴侶和你的星座之後，即可獲取寶貴的相容性資料。太陽星座對性格、喜好、思考方式的影響最大。雖然單單一個星座不足以完全肯定兩人之相容性，但可以告知大致的方向是否正確。起碼你能了解大概的個性，決定是否進一步認識對方。接下來筆者將解說各星座之相容性，同時你必須計算出自己的命數若干，再核對命數的相容性部分。

十二星座

不知道自己是什麼星座的人請對照下表。每一年正確的時間都會稍有移動。如果你的生日介於兩個星座之間，請看兩個星座的解說哪一個較符合自己的個性。

牡羊座：3月20日－4月20日

金牛座：4月20日－5月21日

雙子座：5月21日－6月21日
巨蟹座：6月21日－7月23日
獅子座：7月23日－8月23日
處女座：8月23日－9月23日
天秤座：9月23日－10月23日
天蠍座：10月23日－11月22日
射手座：11月22日－12月22日
摩羯座：12月22日－1月19日
水瓶座：1月20日－2月19日
雙魚座：2月19日－3月20日

命數的相容性

和占星學一樣，一個人也有三個數，出生年月日的總和的二位數稱之為靈數，二位數相加後得出命數。三數中以命數對性格的影響最深遠。三數加上三個星座來

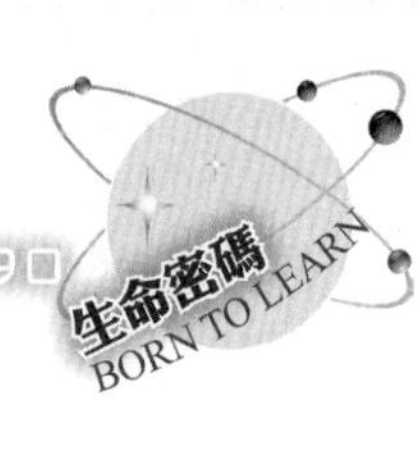

參照最為準確，這六項要素必須和諧。為了簡易明瞭起見，在此僅用命數來看相容性。參照下列表時，先查星座的相容性，再查命運的相容性，若兩人不合的話，有三條路可走：

（1）置之不理，風險自行承擔。

（2）利用下列解說進一步了解意中人，好好與之相處，也就是善用局勢。

（3）選擇分手，重新出發。

無論如何決定，切記成熟度是相容性的最主要因素，星座和命數都無法告知成熟度，欲得知成熟為何，請參閱上一章，然後花時間去了解，知道怎麼看，很快就可見真章。

太陽星座的相容性

十二個太陽星座可分成四類，每一類受到一個元素影響，造成基本性格差異。四大元素分別為：

風象星座：天秤座、水瓶座、雙子座。

火象星座：牡羊座、獅子座、射手座。
水象星座：巨蟹座、天蠍座、雙魚座。
土象星座：摩羯座、金牛座、處女座。

一般而言，男女雙方的隸屬元素相同時，最合得來。比方說，摩羯座和摩羯座、金牛座、處女座最相配。隸屬同一元素的人較易溝通，彼此了解，對事物的反應速度也差不多，歷經人世滄桑較易承受。但屬於同一元素並不保證一定合得來，最好再對照命數的部分。

隸屬的元素互補是次理想的情況。元素互補固然比不上元素相同，但兩人的溝通程度還算良好，然而思考和反應速度不同，時日一久，自然不免困擾。其他元素的組合固然不相配，但深入了解對方，妥善處理個性歧異，依然有希望建立美滿的關係。

次理想的組合如下：
牡羊座配水瓶座或雙子座。
金牛座配巨蟹座或雙魚座。

雙子座配牡羊座或獅子座。

巨蟹座配金牛座或處女座。

獅子座配雙子座或天秤座。

處女座配巨蟹座或天蠍座。

天秤座配獅子座或射手座。

天蠍座配處女座或摩羯座。

射手座配天秤座或水瓶座。

摩羯座配天蠍座或雙魚座。

水瓶座配射手座或牡羊座。

雙魚座配摩羯座或金牛座。

不論你和意中人是否相合，都該多了解對方的星座，坊間論星座的書不勝枚舉，可以助你一臂之力。知識加上一點同情心、耐心和自律，兩人的幸福還是指日可待。我們放鬆心情、健健康康，想要作樂時，太陽星座之力於我何有哉。然而，在現代生活壓力下，我們睡眠不足、三餐不定、血糖過低、內分泌失調時，個性負面的一面便浮現出來。此時最易破壞彼此的感情，因此我們必須了解太陽星座的負面性格。

不同星座的人若是疲憊不堪、情緒低落、再也承受不住時，就會有下列情形：

牡羊座：太直接、太莽撞、好勝心強、脾氣火爆、霸道。你必須忍讓，不要刺激他們，才能與之和平相處。幸而他們的脾氣來得急，去得也快，一會兒便雨過天青了。

金牛座：過於固執，拒絕新觀念，邏輯和苦勸於他們有如耳邊風。對付他們最好少說話，多行動，用行動表白心意，切莫光說不練。

雙子座：亂打高空，三心兩意，以至於給人矯揉造作的印象。別怕他們老是改變心意，任他們去高談闊論，朝令夕改，在一旁耐心靜觀，以不變應萬變。等他們冷靜下來，說不定又回心轉意了。

巨蟹座：過於自私、情緒化、敏感、蠻橫，對最微小的威脅也反應過度、自衛過度。切莫攻擊他們，向他們挑戰，避免驟然改變，盡量袪除威脅，給予安全感和安定感。

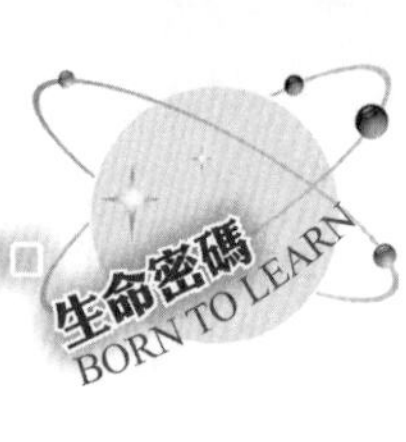

獅子座：太任性、自我中心、口不擇言、誇大其詞、目中無人。對付他們最好自己先冷靜下來，表示同情與敬意。別催逼他們，耐心地等候，給他們自由的感覺。

處女座：太固執、缺乏安全感，容易驚慌失措，老是批評個沒完沒了，堅持己見，不講道理。你要假裝想知道他們的想法，讓他們感覺你需要幫助。別想改變他們，否則情況會更糟。

天秤座：理想夢想，天花亂墜，執迷不悟，得理不饒人。感覺、溫柔、寬恕都不存在。你最好先道歉，表現出同情與耐心。千萬別反擊，否則就是兩敗俱傷，感情蕩然無存。

天蠍座：沉溺於恐懼和祕密之中，表現情緒的方式十分極端（大吼大叫或沉默不語），詞不達意，傾瀉出來的只有怒火和讓你摸不著頭腦的舉動。你最好不要吭聲，退後一步，保持冷靜，切莫威脅他，他有心溝通前，你別開腔洩底。

射手座：過於善變，脾氣暴戾，所有星座中，罵人最惡毒的非他莫屬，但一冷靜下來，所講的就毫不算數了。你得大人不記小人過，對他們說的氣話充耳不聞。他們氣未消之前是不會住口的。

摩羯座：過於固執，咄咄逼人，對他人要求極嚴。話說過就忘，全無邏輯可言，死鴨子嘴硬的典型。對付他們不可用邏輯，要動之以情，耐心伺候。他們喜歡你堅持自己的立場，不輕易動搖。

水瓶座：過於理想化，瘋瘋癲癲的，可用「起肖」或「起乩」來形容。拗起來什麼情況都有可能，從逞口舌之快，到沉溺幻想，逃避現實都有。最好講道理給他們聽，指點其他出路。解決問題的方法不只一個，你的任務是想出其他解決的辦法。

雙魚座：太敏感、反應過度，缺乏安全感。不論威脅是真是假，他們會掀桌式地改變一切，變得自私、專橫、要求很多。最好盡量減少威脅，他們需要你的可靠肩膀以及給予他們安全感。他們用不著道理或防禦策略，只需要感覺你根本沒變。

現在你已了解各星座的負面性格，應該也已明白相容性的道理。不相配的組合會使爭吵雪上加霜。試想一對夫妻吵架時，一個想分析道理，另一個卻全無邏輯，豈不是「雙輸」的局面？

爭執在氣頭上時，言語只會傷人，對解決問題毫無幫助，最後可能因誤解而分手。前述相容性的簡表，將溝通方式近似的人歸納一起，藉此，爭執才不致造成太

大的傷害。也許你已經發現風象星座和火象星座喜歡以理服人，因此相配。水象星座和土象星座訴諸感情和敏感度，因此合得來。如果你和伴侶的表達方式不同，並不表示全無指望。你需要研究彼此的溝通方式，改進自身的缺點。未雨綢繆才能應付得當，否則不必要地傷害彼此，只會蹉跎愛情。

命數的相容性

人為了學習某些特定課題而生。有些歷盡滄桑，早早就成熟了；有些人的學習能力則非常遲緩。生命密碼告訴我們哪一種人該學哪一項課題，學成之後就能享有美滿的人生。但是生命密碼並未告訴我們，學習自何時開始，只描述了各種性格及因之該學的課題。

利用生命密碼預測相容性時，會遇上判斷成熟度的問題。一般人都不太成熟，原因之一是還在學習的初期，不懂學習的方法。如果你想等待心智完全成熟的人出現，希望大概會落空。

因此，我們需要一套系統提供性格的深入分析，生活不順利時該有何期許，負面情緒宣洩時又該怎麼辦。這套分析彌足珍貴，因為我們可以由此決定要不要跟某一類型的人交往，或是學會以適當的態度來應付負面失序的情況以改善彼此關係。

市面上倡導消費意識的雜誌書籍很多，告訴我們產品孰優孰劣，有趣的是，卻少有書籍介紹人品的好壞。現代人花很多時間研究中意的汽車、電腦等物品，卻吝於研究要共度一輩子的人屬於哪種類型。本書第二章解說了每一種命數的天賦和該學習的課題，討論的是人性善的一面和理想，沒有揭發某類型人歷經壓力之下不成熟的一面。你若明白如何應付伴侶發飆的一面，就增加了生活美滿的勝算。如果對方也分析你的負面性格，知道如何和你應對，兩人未來的幸福就有保障了。

相容性對照一覽表

	1	2	3	4	5	6	7	8	9
1	×	○	△	○	△	×	○	×	×
2	○	×	○	△	×	△	×	△	○
3	△	○	×	×	△	△	×	○	△
4	○	△	×	×	×	△	○	△	×
5	△	×	△	×	×	×	○	○	×
6	×	△	△	△	×	×	×	△	△
7	○	×	×	○	○	×	×	○	○
8	×	△	○	△	○	△	○	×	×
9	×	○	△	×	×	△	○	×	×

○→表示相當合適

△→表示合適

×→表示不合適

1數

負面性格解析和因應之道

1數的人基本上不信任他人，暗自害怕別人會占他們便宜，因此往往不惜一切想居主控地位，以求自保。但是到頭來只有害了自己。他人有朝一日覺醒，發現自己受人擺布會怒不可遏，不是遠遠走避1數的人，就是以牙還牙。這種反應更使1數的人堅信他人不可信賴，結果築起鞏固的心防，只愛自己，不愛他人。

1數的人是天生的領導者，堅持要你唯命是從，忽視他人的意見。你必須接受他是老大的事實。他們也會犧牲他人來成全自己，也許「小心第一」這句話是從他們身上得來的靈感。

有時候1數的人會讓你覺得他們根本不需要你，你愛他們勝於他們愛你。如果你是他們的朋友，他們待你的態度好像是你自己要找他們做朋友似的。你會覺得隨時都可離開他們——可能他們也會直接這樣告訴你，他們隨時想和你分手就可以和你分手。

看起來他們的愛似乎很膚淺，和你分手不但不成問題還如釋重負。其實這是他們想控制你而裝出來的樣子，其實你若和他們分手，他們會心碎，卻不讓你看到他們的軟弱。

如果他們對你有興趣，你會覺得他們別有企圖，不知是何居心。健全的愛情都需要付出和獲得。1數的人非常清楚自己想從你身上得到什麼，但他們的相對付出不一定對你公平。

對付他們，你最好明白自己想要什麼。一雙可靠的臂膀和獨立的個性？如果不是，盡快另覓良枝棲身。如果是，請小心一步一步來。替他們做事切勿過火，付出和他們一樣多就好。你可以測試他們的付出有幾分。先付出你認為應付出的程度，再看他們如何回報你，然後據之自我調整。

千萬要認清他們玩的權力遊戲，做好防備，否則只有任其宰割的份。他們會經常試探你是否仍在掌握之中，他們是否仍居於領導地位。你必須時時提高警覺，讓他們見識你的能幹，而且最重要的是要求他們尊重你，平等對待你。讓他們清楚明

白，你的自尊心和尊嚴比他們還重要，若是自尊受到踐踏，就離他們而去。你只要屈服一次，爭取自由的代價便逐日提高。相信自己的立場是公正的，別示弱，別任他們欺凌。你需要相當的自信才能贏得尊重和美好的愛情。

1數的人非常清楚自己想從你身上得到什麼，如果你無法滿足他們的期許，他們會翻臉無情，好像你過去的付出都不算數。他們會以分手來要脅，你若還不屈服，他們就真的絕情而去。事後你會發覺他們到底多愛你，是否願意誠實公平地對待你。如果他們是真心的，不久就會回心轉意，回到你身邊。如果沒有回頭，你不妨慶幸自己脫離苦海，並且重新評估自己的價值。

1數的愛情故事

貝蒂從小就缺乏自信，常常對自己感到失望，事實上她頗有才華，很多事都做得很好，卻老覺得自己一無是處。她第一次見到比爾，簡直像個小可憐，沒有工作、幾近破產、健康不好、與家人不相往來，她既孤單貧弱又容易受傷害。

比爾就在這困難時刻出現，貝蒂感覺比爾就像個身著閃亮盔甲的王子，騎著白馬來拯救她。貝蒂完全享受比爾的幫忙，搬去與比爾同住後不久就結婚了。起初，他們的婚姻生活很幸福。貝蒂終於找到一心一意愛她的白馬王子，而且沒有其他競爭者。比爾處理所有財務問題，除了貝蒂的愛別無所求，貝蒂逐漸在此優渥的環境中恢復健康。比爾替她買昂貴的藥，帶她去看頂尖的醫生，支付昂貴的手術費，甚至還帶她去看心理醫生，讓她別老是自我否定。

比爾花了這麼大的努力終於讓貝蒂的健康恢復神速。貝蒂重回學校拿到大學學位，自己還做了點生意，生平第一次貝蒂覺得快樂極了！她有一個珍愛她的男人，而且不靠任何人還賺了不少錢。幾年過去，他們之間開始出了問題，少了相處時刻，多了吵架次數，奇怪的是，她越獨立就覺得對比爾的愛越少，甚至有種念頭，想要有所改變，認為和比爾在一起只是因為她覺得對比爾有所虧欠，而非真正的愛。他們的感情生活每況愈下，貝蒂開始獨自外出，到一些酒吧去交新朋友。

他們之間原始的吸引力，是來自比爾帶給她一條獨立之路，她無可抗拒，因為那正是她生命所需，一旦她獲得所需，比爾就再也沒有價值了。

要挽救她的婚姻只有一途，就是讓貝蒂真正愛比爾這個人，而不是比爾為她做

的事，她必須擺脫對無條件的愛的恐懼，在與比爾的關係上做出貢獻，縱然他們已結婚多年，其實這才開始要發展他們的關係，他們的婚姻如何就端看於此了。

1數和其他命數的緣分

1數配1數——不合適

乍看之下好像是兩個獨立的人聯盟，朝共同的目標一起努力，其實沒有這麼理想。兩個人的弱點一樣：不知如何付出和分享，經常在權力鬥爭，爭奪主控權。

1數配2數——相當合適

一方獨立一方倚賴，兩人互補剛剛好。領導者終於找到忠實的信徒。然而付出與獲得不平衡，1數很快就會不耐煩2數的倚賴。

1數配3數——合適

喜歡趣味的3數可以滿足1數的期許，但又不會失去自我。愛情偶爾會冷卻，但雙方都滿意對方，所以低潮很容易過去。

1數配4數——相當合適

兩人的愛情潛力無窮，因為4數願意傾聽並極力滿足1數的期許。問題會來自1數想要有所改變時，4數會感到孤單和筋疲力竭。

1數配5數——合適

兩人都尊重自由和獨立的精神。而5數就是缺乏對抗1數的勇氣，使得1數可以一直得逞，為所欲為，因此解決不少困難。

1數配6數——不合適

雙方都很精明幹練，愛情可望成功。但1數想要主控，要求6數唯命是從，6數也會做到，但時間一久，6數會不耐煩而且疲憊不堪，起而反抗。

1數配7數——相當合適

1數是行動派的野心家，7數是三思而行的思想家，雙方還能互相尊重。兩人若能互相輔佐，可說無往不利，但7數的溫吞常令1數備感挫折。

1數配8數——不合適

兩人都是強勢能幹的領導者，但8數較肯退讓，因為8數不願衝突，寧可自己承受壓力。久而久之，沒有紓解的壓力會引發世界大戰。

1數配9數——不合適

1數腳踏實地又現實，9數卻鍾情幻想和做夢。1數很快就會以未來的憧憬來引誘9數往前走，但9數終將領悟到自己任人擺布、受人利用。

Dr.Lenis小語

使用生命密碼來看男女雙方是否合適，經常只適用在剛開始的關係上。會有多久？很難判定。有時候幾分鐘，有時候幾天，有時候幾個月，不過很少會超過四年，這是從生物學上的研究得到的結論。生物學中有很多關於愛的研究顯示，愛情的保鮮期通常只有十二到四十八個月。

2數

負面性格解析和因應之道

2數的人暗中認為自己比誰都強，因此希望別人珍惜他們、照顧他們，他們的自我膨脹使得什麼事都要別人代勞。做得太過分時，令人都視為寄生蟲，予取予求，坐享其成。你若不肯依言行事，他們就嘮叨或埋怨個沒完沒了，令人不勝負荷。他們要你不斷付出，逗他們開心。多半的人都受不了這種壓力。

另一個困擾是你想和他們分手，卻很難擺脫他們的糾纏。詭計多端的2數想盡各種理由說服你不該分手。常見的一招是他們會展露軟弱的一面使你狠不下心腸。你一心軟與他們再續前緣，他們又故態復萌，嘮叨、批評，要你善盡職責。

他們具有2數雙重性格，因此能夠隨心所欲。他們一方面溫柔感性，另一方面冷酷、工於心計、霸道、自私、富心機。表面看起來很和善，卻從未忘記有付出就要有收穫。由於具有雙重性格，所以演技精湛，善於扮演各種角色，以達目的。

他們天生淘氣，覺得過雙重生活易如反掌，有本事腳踏兩條船或外遇多年而平安無事。也就是說，如果婚姻無法滿足其性欲或感情的需要，他們知道另外的門路。如果走上極端的話，甚至有誤蹈法網的可能。

雙重性格固然使他們具備隨機應變的能力，不順遂的時候卻因此很難相處，因為你無法判斷他們說的是不是真心話，你有沒有誤解他們的意思。他們不是扭曲真相，而是擁有兩個真相，一個給你，一個給自己。這些特質使得他們能呼風喚雨，走後門也在所不惜。

2數的人很多情，想一天二十四小時都和你廝守在一起。他們害怕孤單，因此不惜撒謊或過雙重生活，只求時刻有你為伴。如果你喜歡獨立堅強型的情人，不喜歡這麼「黏」和老是盤問你去哪？做啥？這樣的感情，不如另找他人。如果你喜歡非常親密的感情，不介意誠不誠實的問題，就應學習如何與2數相處。

第一步是對愛情的發展要一步一步慢慢來。兩人一開始就能如膠似漆，但問題接踵而至。隨著生活壓力的蓄積，你必須明察秋毫，睜大雙眼觀察任何變化發生。他們是否開始對你不誠實？是否和從前一樣深情款款？性生活依然熾烈如火還是逐漸冷卻？他們運動的時間多還是睡覺的時間多？是否會無端失蹤一陣子，卻提不出正當理由？這些細節都要留心。

若是發生任何變化，你必須了解原因何在，直接詢問甚至聘徵信社幫忙，別放過一絲一毫的線索，追根究柢，找出對策。這樣他們才不會出軌，也會更愛你。

假使你施盡一切手段仍不得其門而入，他們甚至告訴你，他們需要忙於事業，你就要警覺你們的感情已將結束。但是就算緣分已盡，他們也不肯輕易離婚，要費心爭取才能重獲自由。

2數的愛情故事

伊莉莎白是個安靜而寂寞的女人，她一直夢想著結交和她一樣才華洋溢甚或超乎她之上的朋友，是男是女無所謂，是男的也未必要成為丈夫，她只是要找個不會事事計較批評的人，值得信賴，珍惜她，關愛她，支持她。

剛遇見羅伯，伊莉莎白以為她的夢想實現了。他們很快就步入結婚禮堂，一起創業。以前伊莉莎白就一直想自己做生意，但都想想就不了了之，有了羅伯的支持，夢想終於成真。他們一起分擔工作，開始時這種關係尚稱平順，不久之後，她發現有些地方她不是很喜歡，但她並沒有說出來，她不想因小失大，拿自己的婚姻冒險。一年過去，他們的生意擴大了，也就是說他們比以前辛苦，壓力也增加了，兩人只得分開工作，相聚的時刻大不如前。不久羅伯生了場大病，伊莉莎白只得扛下所有的工作，這個挑戰著實讓她發現前所未知的潛能，她不但一手撐起所有生意，而且越做越好，羅伯很欣慰的說，他一直就看好伊莉莎白有此能耐，然而縱使伊莉莎白對羅伯仍有愛意，但就在此刻，她的內心有了改變。

從某一方面來說，她在事業上的成功導致對羅伯失去敬意，她暗中自問，是否羅伯以迷人的外表迷惑她讓她甘心跟他結婚，再利用她的才能為他賺錢？如果羅伯一直是她以前認識的羅伯，為什麼她會比他成功呢？她的質疑再三反而更加憎惡他，更加覺得他在利用她。基於他的病況，她暗藏於心的負面感受在壓抑中日積月累。

其實，伊莉莎白並不想獨立成一個不需幫忙的人，事實上她對羅伯要求不小，而此時此刻羅伯讓她失望了。這種種負面的感覺摧毀了她對羅伯的愛，他們開始吵架。但縱使形同陌路，她也從未想過要離婚，她只是要羅伯做些改變，成為她心目中的那種人。然而羅伯已無力做任何改變，他的病更加嚴重了。

要挽救他們的關係，伊莉莎白必須要能愛原來的羅伯，而不是她理想中的羅伯。或許他不如理想中有才華，但他的確也貢獻不少好點子；同時她也要接受必須獨立的事實。回首過往，她能優游於婚姻與事業生活，只是現在一堆問題來了，令她一下子難以接受。她只需拋開萬事得靠他人的想法，就能享受成功的樂趣了。

2數和其他命數的緣分

2數配1數——相當合適

一方獨立，一方依賴，配合得相當好。領袖終於找到忠臣。問題是付出和獲得不平衡，不久1數便開始受不了2數的百般要求。

2數配2數——不合適

兩人初時情投意合，然後開始互挑毛病，最後各自退回自己的世界，懷疑自己當初是不是昏了頭。

2數配3數——相當合適

兩人都愛好藝術，理想也近似。只要平穩成長、充滿樂趣，一切搞定。若3數未認真盡責，2數會埋怨不止，終會產生危機。

2數配4數——合適

兩人有許多共通點都是完美主義者，很自然就能同心協力。4數的性格安定，可能使2數生厭，此外一切都合得來。

2數配5數——不合適

5數喜歡2數的體貼和熱情，可惜好景不常，不要多久，2數就想控制5數，5數卻酷愛自由，因此造成雙方極大的壓力。

2數配6數——合適

2數終於遇上無怨無悔、甘心付出一切的人；6數覺得付出的心血終於有人欣賞。但6數不好好照料自己的話會產生問題。

2數配7數——不合適

雙方因共同喜愛分析和思考而彼此吸引。但7數需要時間和空間獨自思考，使2

數起疑，以為7數變心。7數受不了這種壓力，也許真的說走就走。

2數配8數——合適

2數喜歡8數的體貼和深情，8數中意2數的親密和戀愛方式。若8數不強居領導地位的話，則天下太平。否則2數起初或許願意順服，但時日一久還是會引起摩擦。

2數配9數——相當合適

兩人合得來，因為9數願意付出，2數喜歡合作，兩者平衡則幸福美滿。9數必須多陪2數，因為9數若忙於理想而忽略2數，2數會萌生去意。

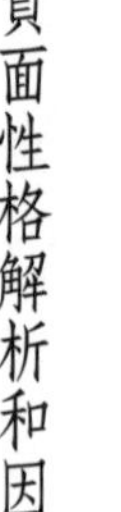

3數

負面性格解析和因應之道

理想化的3數有享受人生的潛力，常常帶給他人歡樂，生活卻最憂鬱。他們的腦中把一切都盤算得好好的，絕不讓步，而且不願意妥協，休想說服他們放棄理想。他們經常脫離現實，卻也懼怕現實，沒有人敢和他們爭辯。

他們要你肯定他們的才華，要求你達到他們的期望。事情稍有不順或現實不能牽就，就足以令他們驚慌失措。他們像寵壞的孩子般任性，一意孤行，想要軟化或改變他們，如引爆世界大戰，等著瞧吧！你的道理和務實不算數，他們絕不降低標準。你沒資格評斷孰是孰非，他們無所不知，如果你敢與之爭辯，表示你不接受事實、不尊重他們、不愛他們。

3數的人內心經常天人交戰。他們的眼光太高，誰也達不到，不是挑剔自己的外貌、個性，就是事業，使他們常氣餒、沮喪。除非選擇的工作能運用他們的創造力來紓解壓力，否則壓力不斷累積，讓他們愁眉深鎖，造成疾病和脾氣暴躁。經常缺乏成就感令他們快樂不起來。

他們無法長此以往，因此想自愛情獲得快樂。如果他們碰上符合理想的人，就會深陷情網，可惜感情不能持久，因為快樂不應外求，快樂應來自自我完成，不能寄託在別人身上。他們的繼續堅持高標準最後會把對方榨乾。如果舊愛是個「完美的情人」，英俊美麗、富裕，或具有他們崇拜的特質，他們會對之念念不忘，除非有更好的對象出現。但這實在不太可能，3數的人太挑剔了。

和3數相處，你必須了解他們內心不斷交戰的矛盾和掙扎。一個向來不快樂的人，不管你說什麼或做什麼都不能令他開懷。不管你給他再多的錢，他還想要更多；不管他們多麼功成名就，都不滿意，好還要更好。你必須暫時抽離感情，客觀看待，才能完全了解他們。

解決這些問題只有一個辦法：鼓勵3數培養嗜好，或是換個可以天天用到創造力的工作。只要如此他們就會比較快樂，做個稱職的開心果。如果這些建議3數全當耳邊風，你的麻煩就大了。

你可以鼓勵3數的人多多外出、旅遊、與人交往。這些是治標的方法。宗教信仰、哲學團體、自我成長團體也有所幫助，但長久之計還是讓他們有發揮潛力的機會。如果他們仍不聽勸，你們的愛情就沒有希望了，他們的抑鬱會扼殺愛情。

長期的鬱鬱寡歡終將使健康受害，你們的戀曲就變成悲歌。最好在你自己的健康也被拖下水之前，趁早做個了斷。

3數的愛情故事

珊蒂總是夢想嫁給一個完美無缺的老公，除了高大，他還必須有一副結實的身材，柔和而英俊的臉龐，最重要的是他必須非常有錢，最好是富可敵國，還受過高等教育，文質彬彬。這個天下無雙的完美男子娶了她之後，她就全心全意待在家裡服侍照顧他。珊蒂頗有姿色，堅信自己的夢想必會成真。既然以後會嫁個有錢的老公，她也就從沒想過要一展長才或發展事業。很多男人跟她求愛，都因沒辦法符合所有的必要條件被她拒絕。

有一天，就在一家高級餐廳裡，她夢想中的男人出現了，向她走來自我介紹，傑克就是她尋尋覓覓的完美化身。他俊俏年輕，是個出自富有家族的醫生，她對他一見鍾情，馬上陷入熱戀。有時候珊蒂並不喜歡他的家人，但她又捨不得放棄傑克。傑克是她花了一輩子才等到的，為了嫁給他，她願意付出任何代價。她對好友與家人的警告都拋諸腦後。兩人相識不久就結婚了。

婚後不久珊蒂就變了，她以前對傑克家庭的不滿放在心裡，但她現在卻對著傑克數落抱怨。傑克非常驚訝，因為他以為珊蒂衷心愛慕著他，為什麼她以前都沒說呢？傑克的確很愛珊蒂，想盡辦法讓她快樂，只是她好像永不饜足。過了一段時日，似乎任何事對珊蒂來說都不夠完美，不論傑克如何為迎合她而提高標準，對她而言，都是臨時的克難辦法，她會因而快樂一下子，隨即又找到不快樂的理由。

傑克對她的愛戀冷卻了，他花更多的時間在工作上，又開始找起以前的老朋友，他們夫妻的相處時刻越來越短，次次不歡而散。他們聊天時，抱怨他的父母姊妹，還有他們的生活水準，然後就施壓要傑克想辦法改變他的家人。傑克則極力勸解，要她好好想想他家人的優點，不要老是只注意缺點。她當然聽不進去，傑克逐漸對她的抱怨不予理會，她也漸漸對傑克產生憎惡，因為在所有人中她只對他有所

期望，希望他會了解她的立場而跟她站在同一邊。

傑克試過要幫她，可惜一點用也沒有，只好放棄。珊蒂可以感覺到傑克對她的態度變了，而傑克的改變也飽受珊蒂抱怨。因此他們吵得越來越兇，不久就宣布離婚。

要挽救他們的關係，珊蒂要改變她對自己與對家人的理想要求，她要學習觀看人生的光明面，常感滿足；同時她也必須花時間找出天賦，培養興趣，如果她能專注於自己的才華，至少會覺得快樂些，不僅可改善與丈夫的感情生活，也可以讓傑克自動達到她的理想標準。

3數和其他命數的緣分

3數配1數——合適

喜歡歡樂的3數可以滿足1數的期許，但不會失去自我。雖然感情時有低潮，但雙方都滿意這份感情，所以低潮很容易過去。

3數配2數——相當合適

雙方都愛好藝術，理想也相近。只要一切順利，感情便無波無折。然而3數若是玩世不恭，未盡責，2數會抱怨，引起爭端。

3數配3數——不合適

兩個理想主義者若是理想相同的話，湊在一起倒是挺好的，若理想不同，兩難的局面便產生了。除非工作中能得到滿足，否則易造成溝通不良。順利的時候兩人如膠似漆，遇上逆境時，則水火不容。

3數配4數——不合適

4數若是3數中意的完美情人，兩人可以甜甜蜜蜜好一陣子。但是3數喜歡變化，4數偏好穩定，若能平衡的話，愛情尚有生存的空間，否則便淪為權力鬥爭。

3數配5數——合適

3數和5數是最容易的搭檔，兩人都喜歡改變，喜歡參加社交活動。除非3數野心比5數強，不然並無權力爭奪之虞。3數會向5數施壓，但嚮往自由的5數不買帳。唯有3數接納5數的本來面目，才留得住愛情。

3數配6數——合適

這段感情遠景看好，彼此都期望對方能有最好的，理想也很近似。但6數會寵壞3數，3數食髓知味後會變本加厲，直到兩人元氣大傷，埋怨對方愛得不夠深為止。

3數配7數——不合適

這一對是極端的組合。3數凡事只看表面，7數卻深入探討內心。兩人若只想尋歡則已，否則雙方歧異又不容易更改的觀點將使兩人的生活永無寧日。

3數配8數——相當合適

8數認為3數是有潛力的伴侶，志趣相投，喜歡生活過得開心熱鬧。但是8數會想要有所成就，催促3數努力工作。最怕的是雙方都想改變對方的觀點，簡直是癡人說夢。

3數配9數——合適

9數的愛心和服務熱忱深深吸引理想化的3數。兩人努力的話，可以滿足彼此的需要，但高標準的3數要求行動要有具體成果，9數只注重過程，不在乎結果，令3數大感挫折。

數

負面性格解析和因應之道

4數對周遭環境的變化非常敏感，經常感到人生無常，任何變化都能引發生存危機，因此他們會不惜代價去抗拒改變以及化解隨之造成的危險。

4數缺乏的不是自信，而是安全感，總是在汲汲追求各種形式的安全感。3數知道安全感自何而來，4數卻一無所知。他們竭慮殫精、不屈不撓，直到安全感有保障為止，一旦找到安全感，什麼也動搖不了。4數最多疑、固執、閉塞，改變就像要他們的命似的——其實現實世界中沒有一樣東西是經久不變，永遠安全的。

內心強烈的不安全感使4數很難信任別人，但缺乏信任，愛情幾乎無法存活，因此4數不擅處理感情，愛情非全有即全無，不是全心全意付出，就是以愛情為跳板來致富、建立人脈，或達到其他目的。不論他們真愛與否，永遠誓死抵禦改變，典型的「誓死不分離」。他們堅持穩定之必要，壓抑了內心諸般感受。等到壓抑達到

極限，就像火山一樣爆發出來。如果發脾氣還是無法控制局勢，他們會借助外力、金錢等來阻止改變，百折不撓，直到徹底輸垮為止。

無法自愛情獲得安全感的4數，不反對藉外遇來滿足欲望，但也同時繼續維持家庭的安定，因此變成腳踏兩條船。但是他們不懂如何應付這種雙重生活方式，最後因壓力過大而罹患疾病。

確信你圖的是親密穩定的感情，如果你想要的是無拘無束、彼此仍有獨立空間的感情，千萬別去招惹4數的人。假如你恰好愛上4數的人或喜歡這類型的人，筆者姑且傳授你幾招。

決定攜手同行人生之路時，需要遵守幾項基本鐵則。首先，需要有所改變時，兩人一定要耐心地詳加討論，切莫獨斷獨行，徒惹4數生氣。需要有所改變表示情況嚴重，別等閒視之，4數無法接受匆促的決定和行動。你必須了解，4數的人認為周詳的組織與計畫不僅是良好的習慣，更是存亡之所繫。

其次，不論發生什麼變故，兩人千萬不可分離天數過久。相隔兩地的愛情絕對行不通。4數需要經常看得到你。就算他們嘴上說無妨，也熬不了太久相思之苦，因為這違反他們的天性。

第三點，你倆如果爭吵，你必定是輸家，4數對你說的話一個字也不會相信，你越辯解，他們越懷疑、怒火越熾。你只能退讓、認錯、詳細解釋你錯在何處。和一個什麼都聽不進去的人吵架毫無勝算可言，須等他們冷靜下來，才能稍微了解真相如何。

4數的人肯努力的話，能夠平步青雲、飛黃騰達，因此值得追求。唯一的問題是如果你無法滿足他們或脅迫他們，這份愛情是無法成功的。兩個人若是覺得在一起毫無樂趣，你想退出的話，最好開始存錢，籌畫如何脫身，因為他們可不會輕易還你自由。

4數的愛情故事

蘿伯塔是個勤奮的大學生，生平最討厭的就是獨處，因此她周遭常有一群男女朋友。男朋友中她最喜歡的是湯姆斯，因為湯姆斯會定期打電話給她，送她回家，替她跑腿，尤其是她對男人多看幾眼，他就吃醋。而她要的男女關係，正好就是她

要能完全擁有，而且任何時刻都不能丟下她一個人。

有兩次湯姆斯必須出差，在這段期間，蘿伯塔想過要找別的男人取代湯姆斯，但又怕湯姆斯發現而作罷。她和湯姆斯在一起時很快樂，但當她獨處時就開始猶豫不決。

大學畢業後他們決定結婚，湯姆斯因脫離學校的束縛，高興得想要來趟畢業旅行，而蘿伯塔卻不喜歡旅行，她擔心旅遊有危險，又不喜歡住旅館，誰曉得前個晚上同張床上睡的是什麼人啊！湯姆斯花了一些工夫才說服蘿伯塔跟他同遊，蘿伯塔路上卻抱怨連連。

湯姆斯除了喜歡旅行，他也想從大學城搬到一個工作機會較好的新興區，蘿伯塔可是一點都不想搬，她對大學城已經習慣了，而且還有父母和朋友在這兒。更何況湯姆斯在這兒的工作有穩定的高收入，為什麼要放棄這一切呢？湯姆斯解釋說他想搬離大學城不是一朝一夕的事，但每次都為她留了下來，現在有新工作找上門來，是他們絕佳的機會。他堅持要搬，蘿伯塔最後只得順從他的意思了。

新家的生活並未如湯姆斯預料般愜意，蘿伯塔快樂不起來，他每天晚上還得努力取悅她，為的只是博君一笑。現在沒有什麼可以阻止他們為雞毛蒜皮的事吵架，蘿伯塔已經對他心灰意冷，一味怪他帶她來這種鬼地方。蘿伯塔的態度讓湯姆斯覺得跟她在一起壓力很大，她只是像小孩子一樣需要別人的注意，要別人完全遵照她的意思罷了。

日子如此難熬，湯姆斯開始找藉口不回家，他做更多商業旅行，工作到很晚才回家。在湯姆斯一次外出時，蘿伯塔有了外遇，她心裡有罪惡感，卻又沒有勇氣吐實，只好把祕密深藏心中。她還深愛著湯姆斯，一點都不想離婚，出軌只不過是耐不住獨處的寂寞。她心想雖然她欺騙湯姆斯，但至少讓她度過寂寞時光，等到他歸來，他們的關係反而會有進步，但蘿伯塔並未終結與其他男人的往來。

至此這婚姻已經走入死胡同，要是讓湯姆斯發現她的不忠，他們的關係也只有結束一途。展望未來的唯一可能性，只有蘿伯塔趕緊放棄外遇，對自己的無安全感另想辦法，蘿伯塔應該從自己身上找尋安全感來源，比如白天湯姆斯不在時，自己要找些事來做，不能任憑自己無所事事、胡思亂想，她可以去當義工幫助貧病，或者她也可以學點東西發揮潛能，這兩種活動都會帶給她內在安全感。

4數和其他命數的緣分

4數配1數——相當合適

愛情的前途一片光明，因為1數找到了願意聽令、按照期許行事的伴侶。但是1數想要有所改變時，4數會感到疲憊又孤單。

4數配2數——合適

兩人頗多共通之處，可以輕鬆地合作無間。兩人都注重細節、要求完美。除了4數的穩定性令2數生厭之外，一切相安無事。

4數配3數——不合適

4數若是3數中意的完美情人，兩人可以甜甜蜜蜜一段時間。但是3數喜歡變化，4數偏好穩定，若能平衡的話，愛情尚有生存的機會，否則便淪為權力爭奪。

4數配4數——不合適

兩人都缺乏安全感，不但無法負負得正，反而為害加倍。初時或許還能彼此滿意，但雙方都在迫使對方不准改變，只會勒死愛情。

4數配5數——不合適

5數喜歡4數的柔弱和反應敏捷，但是一談戀愛，一切都走樣了。4數想要全盤控制5數以確保安全感，5數卻渴望自由地飛翔。兩人之間沒有諒解的話，只有衝突。

4數配6數——合適

4數需要一個關心和朝夕廝守的伴侶，6數本能地了解4數的需求並且配合無間。除非極度意見相左，不然兩人十分恩愛。有所改變必須花費很大的力氣，而6數可能等不了那麼久。

4數配7數——相當合適

兩人都認為財富代表安全感，因此愛情很有希望開花結果。但7數極可能很快就厭倦了，想多點時間獨處。因此傷了4數的心，免不了又是一場風波。

4數配8數——合適

兩人工作認真、務實、志同道合。8數能夠承擔風險，4數卻怯於冒險。因此8數為求成長而決心做必要的冒險時，4數會出面阻撓，使得愛情盡失風味。兩人或許

還在一起，但早已不復昔日的熱情。

4數配9數——不合適

這段感情走得很辛苦，因為9數熱中夢想，疏於現實事務。4數恰好相反，想法非常切合實際。4數向9數解釋這點時，9數是「有聽沒有懂」。9數不願受羈絆，4數若想剝奪其自由，愛情就此告吹。

Dr.Lenis小語

有很多因素會影響你所選擇的伴侶和愛情保鮮期的時間長短。大部分因素都不是你所能控制的，也就是說，你沒辦法知道愛情何時會來又何時會結束。因此，最好的方法就是使用生命密碼去了解另一半，而不是利用生命密碼去選擇伴侶。

負面性格解析和因應之道

愛情和婚姻的承諾是5數「生命中不能承受的重」。他們熱愛自由勝於一切，樂於享受人生。婚姻的壓力和限制代表犧牲自由以及其他可貴的事物，他們怎麼能答應呢？比方說，你認為愛情最可貴，即使有人告訴你自由價更高，你也不會拋棄愛情；誠如素食主義者不會因為有人說吃肉有益健康就破戒一般，反之亦然。

一般人做人生重大決定時是依據自己的條件和步調的。等到時機成熟，做好改變人生的準備時，自然會採取行動。但是5數做不到。他們心願很多，卻提不起勇氣全力以赴。拖拖拉拉的結果造成人生的困頓和挫折。

你苦口婆心勸他，他會拒絕；你逼他決定、執行計畫，他會反抗。然後他不但和你爭吵，還會離開你，認為他雖愛你，但還沒愛到甘受你擺布，寧可過單身生活，自由自在，無牽無掛。

愛上這種人只好由他們去，其他形式的安排徒然招致爭吵和埋怨，不管你怎麼做，永遠無法令他們滿意、開心。最後他們陪你的時間越來越少，讓你覺得愛已走遠。你若還想控制他們，他們會拋下你，追逐自由而去。

就算他們未曾和你分手，也會逢場作戲不斷，暗中享受自由。所以人家說5數的人很少為愛心碎。他們認為自己是愛情的主宰，不是愛情的奴隸，最至高無上的還是自由。

5數對伴侶不忠只會被纏得更緊、更不快樂。如果他們負有養育子女的責任，心中不快也不敢告訴伴侶，怕後果無法承擔，於是更加遠離伴侶，遁入自己的個人世界。此時他們通常會認定自己的人生已無價值，轉而致力撫育子女。你若想幫助他改善情況，他會假裝情況已改善，以便擺脫你的干涉。只有自由才能使他開懷。

和5數在一起，永遠不知道明天將如何。你如果喜歡一份日日都在進化的感情，一個要你更獨立自信的對象，請選擇5數。和命數是5的人在一起需要耐心和惻隱之心，千萬別逼他們或直接下令，只能好言請求協助。他們喜歡受人尊重，有人阿諛，把他們當成明星或名流就成了，請他們幫忙時，千萬要有禮貌，切忌莽撞。

和5數溝通最重溫柔謹慎，要甜言蜜語，視之為太上皇，而且要真心誠意，一絲絲的脅迫或宰制他們都聞得出來，非小心翼翼不可。他們若是拒絕也不要動氣，他們有權利不隨你的喜好或意志起舞。你要有自信改變策略或乾脆獨力完成。你若是大動肝火想逼他就範是白費工夫。不如自己動手去做，反而能贏得他們的尊重。隨他們高興，尊重他們的意願。他們了解你說得對，自然會改變觀點，心甘情願地幫忙。

改變心意是他們的特權，你要做好心理準備。溫柔的攻勢較易使他們樂於親近你，否則他們會失去胃口而離開，你就只能空留餘恨了。

命數是5的人必須了解，結婚並不代表放棄自由，而是擁有不同形式的自由——投注心力使愛情更甜美的自由。這樣想才能盡情享受愛情的滋味，否則只會在膚淺的愛情中打滾，錯失愛情的豐富內涵。

5數的愛情故事

派蒂平時很安靜，看不出來她承受很大的壓力，因為她父母對她的功課要求頗

高，甚至要她做些她不想做的事。派蒂的男友喜歡控制，對她的愛有不安全感，有時候會因為她從學校回來晚了約會遲到而打她，但是派蒂不想因此與他絕交，因她男友替她支付大部分學費，感情上和財務上，她都覺得對男友有所虧欠。

畢業後她找到一份待遇不錯的工作，卻常心情沮喪，因為她不知要如何讓對男友很滿意的父母了解她想取消即將來臨的婚約。她在工作上遇到一位很好的男子傑瑞，他們每天一起共進午餐。有一次，派蒂忍不住吐露她心中的矛盾，傑瑞發現自己已深深愛上她，打定主意要幫她脫離困境，他們打算私奔。

他們的計畫成功了，一起到異地展開新生活。但派蒂似乎還是悶悶不樂，因為她發現新生活並沒有太大改善。傑瑞不准她去找工作，常抱怨她自己一個人外出，這些都讓傑瑞覺得他們之間的愛不夠扎實。數月後派蒂開始想家，他們之間也起了間隙，雖然傑瑞強烈的愛幫她逃離舊的桎梏，但他對她過於專注，讓她覺得喘不過氣來，這時派蒂懷孕了。

在傑瑞的細心呵護下，派蒂生了個漂亮的女兒，他們的關係也因這個小寶貝而改善不少。派蒂急著把這一切好消息告訴家人，她父母除對有個孫子喜出望外，也不忘重翻舊帳罵起她丈夫，他怎麼可以這樣一走了之？又說或許他未如她想像中好，或他怎麼可能對她一直都那麼好，他是不是別有居心？

她父母的批評使得她對他也開始起了疑心，當她說出她父母的疑慮時，傑瑞非常震怒，並說如果派蒂再跟父母聯絡，他就會離開她。這真讓她難過又難為，畢竟派蒂還愛著傑瑞，只是有點兒受不了他的控制欲。她也開始對愛起疑，威脅要離開他，經過幾次猛烈爭吵後，她心灰意冷，決定離開他，帶著孩子回父母家去。當她回顧這一切不免深深疑惑，她是被他騙了嗎？如果他愛她，為什麼又要控制她？又跟她吵架？她到底該走還是該留？何去何從？

要挽救這個小家庭免於破裂，就得先了解他們之間的衝突起源。事實上傑瑞深愛著派蒂，而派蒂信任傑瑞甚於父母，讓她父母覺得很嫉妒。她父母認為他們和派蒂不和，全因傑瑞從中作梗，因此派蒂要做出一些決定，她到底要相信哪一方？父母還是丈夫？如果傑瑞未如想像中好，不需父母提醒她應早已看出，派蒂應該反省為什麼她讓傑瑞沒有安全感？是否因為她對與他的關係老是猶疑不決的緣故？有了這些答案，其他問題應可迎刃而解。

5數和其他命數的緣分

5數配1數——合適

兩人都注重自由和獨立的精神，同時5數欠缺勇氣表達自我，1數的意志較能得遂，如此解決了不少難題。

5數配2數——不合適

5數十分欣賞2數的熱情和體貼，可惜好景不常，不要多久，2數就想控制5數，5數卻最愛自由，造成雙方極大的壓力。

5數配3數——合適

5數和3數一見如故，兩人都喜歡改變，喜歡參加社交場合。除非3數的野心強過5數，否則並無權力爭奪之虞。3數會向5數施壓，但嚮往自由的5數不買帳。唯有3數接納5數的真實面目，才留得住愛情。

5數配4數——不合適

5數喜歡4數的柔弱和反應敏捷，但是一談戀愛，一切全都走樣了。4數想要全盤控制5數以獲取安全感，5數卻渴望自由地飛翔。兩人之間沒有諒解的話，只剩衝突。

5數配5數——不合適

愛情要求自由做某種程度的犧牲，5數覺得很難辦到。只要有一方想要收緊網口，設限對方，大災難就發生了。控制權爭奪大戰可使愛情淪為犧牲品。

5數配6數——不合適

6數的無微不至使5數如沐春風，但6數要求5數相對付出時，5數卻寧可決裂也不願退讓。除非雙方的付出相當，不然彼此都不會快樂。

5數配7數——相當合適

兩人各自喜歡獨處，不介意給對方必須的空間。互相尊重使雙方獲益。但雙方意見偶爾不合時，結果是兩人獨處的時間可能多過相聚一起的時光。

5數配8數——相當合適

人生觀極相近。8數天生不擅表達內心感受因而有時備感孤立無援，而且會霸道地想左右5數，結果只會惹惱5數。

5數配9數——不合適

5數頗能享受9數的趣味和照顧，卻無法滿足9數內心深層的感情需求。兩人的愛情深度有限，使人興起不如分手之念頭。

數

負面性格解析和因應之道

為什麼6數天生有照顧他人的熱忱，背後的原因很複雜。可能是因為6數個性敏感，能夠感同身受，所以無法坐視不管，並且不計代價地投入。也可能是缺乏自信的關係，所以十分古道熱腸，以此證明他們的存在有價值。他們害怕自己若不多為他人設想，沒有人會喜歡他們，就沒有人要了。

由於助人的欲望十分強烈，經常惹禍上身。一旦戀愛就想攬下所有的責任。6數怕愛情中有爭執，又想表現得體貼，以致所有的瑣事一肩扛，結果不是慣壞了對方，吃盡了虧，就是讓對方喘不過氣來，想要結束這段感情。

慣壞對方的6數做得累了才會抱怨，希望對方同情和肯定或適度分擔，如果對方不解風情，毫無表示，6數會非常傷心，苦水往肚裡吞，但絕不會指責對方。

6數最麻煩的地方是有話不肯直接說，一切感受藏在肚子裡。他們不介意為你

做任何事，只要你以愛和肯定來回報。你越顯得無助，他們越樂意伸出援手。但如果你已恢復正常，卻又要求他們繼續無條件服務，他們會火冒三丈。問題就在於他們隱忍你的一切作為，默默期盼事情會改觀。他們是沉默的烈士，直到報復或分手的機會降臨，一舉採取行動——使你難堪、和你口角，搞外遇來傷害你，或是分手。分手是最後的手段，可惜一些命數是6的人最不願分手。9個命數中，6數最可能為愛自殺。

6數必須明白為什麼自己總是遇人不淑。他們本能地呵護他人，同時在尋覓真愛。也就是說他們受弱者或需要幫助的人吸引。人格健全的人引不起他們的注意，因為他們派不上用場，所以6數的朋友大都有生理或心理的疾患。

6數周遭環繞著病態的人，日久生情，容易與有問題的人產生感情，結果脫不開身，非常不快樂。他們無法下決心分手，因為這樣就無法再繼續幫助對方了，而且這也有違當初陷入情網的原始動機。所以6數和健全的愛情無緣，為了協助他人，他們會像烈士一樣，飛蛾撲火。

誠如精神病患愛上心理醫師一般，若心理醫師任由醫師和病患的關係變質，將災殃不斷。6數多為這種情形，他們滿懷同情去助人，界線若未畫清，後果將不堪設想。他們應該慢慢來，確定伸出援手真的能有所幫助。唯有在不傷害自己，對自己公平，而且別人開口求助時，再出手相救。

尋覓真愛的第一要件是對象要心理健全。想幫助生理或心理有疾患的人，須先具備專業知識，否則就是自不量力，終將玩火自焚。為了你自己著想，將這些人交給專業人士處理吧。

命數是6的人很好相處，你只要坦誠相待，堅持分擔自己份內的職責即可，切莫視他們的付出為天經地義，以為他們不求回報。天下沒有白吃的午餐，他們希望你把他們擺在人生第一位，願意犧牲一切給他們幸福。這是羅密歐與茱麗葉的愛情至上論。如果你疏於己身之職責，全推給他們，你的處境堪慮，你若還想控制他們，等於親手葬送愛情。

6數的愛情故事

敏娣很害羞，從沒談過戀愛。有一天，辦公室來了位新同事菲利浦，敏娣因

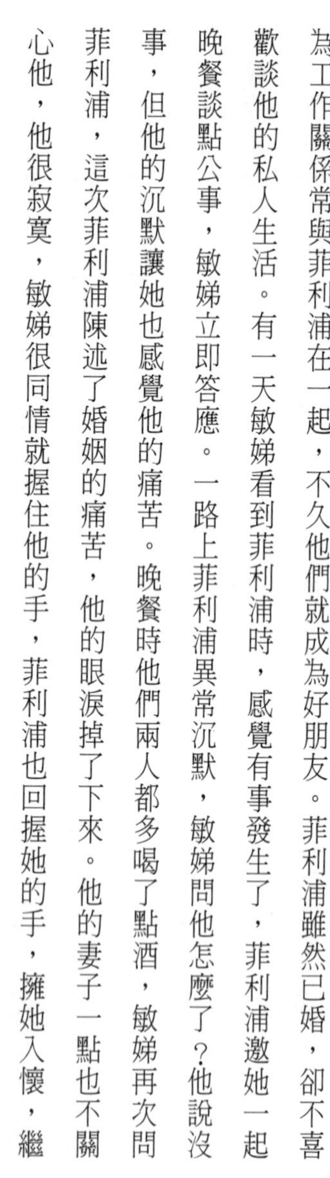

為工作關係常與菲利浦在一起，不久他們就成為好朋友。菲利浦雖然已婚，卻不喜歡談他的私人生活。有一天敏娣看到菲利浦時，感覺有事發生了，菲利浦邀她一起晚餐談點公事，敏娣立即答應。一路上菲利浦異常沉默，敏娣問他怎麼了？他說沒事，但他的沉默讓她也感覺他的痛苦。晚餐時他們兩人都多喝了點酒，敏娣再次問菲利浦，這次菲利浦陳述了婚姻的痛苦，他的眼淚掉了下來。他的妻子一點也不關心他，他很寂寞，敏娣很同情就握住他的手，菲利浦也回握她的手，擁她入懷，繼續述說他那不幸的婚姻。她心懷憐憫地聽著，兩人不知不覺又多喝了幾杯才離開。

回家的路上菲利浦一路握著敏娣的手，到她家後跟她吻別，說謝謝她傾聽他的遭遇，在這晚，敏娣愛上了他，從此他們就常常相聚，發生了性關係。菲利浦一直強調他深愛著她，會在適當時機與老婆離婚，要敏娣等他。幾個月過去，敏娣覺得越來越愛他了，但深深的思念讓她每晚都帶著相思的淚水入睡。她沒有怨言，她因愛他而狂喜，又因沒有他而幾近瘋狂。

他們的關係逐漸緊張，敏娣關心他何時離婚，菲利浦的回答很有邏輯，讓愛得入魔的敏娣只想相信他，甚至還為自己的缺乏耐心覺得罪過，她不想帶給他任何麻煩。一年過去了，等待的感覺幾乎讓她精神崩潰，一年來，沒人知道他們的關係，只是發覺她有點異常。敏娣終於把實情告訴了最好的朋友。

她敘述自己的快樂與難處，娓娓道來時忍不住哭了起來。好友問她，如果妳真的那麼快樂，怎麼還會哭呢？她無言以對，非常無助。她無法忍受苦苦思念他時，他卻每晚跟老婆在一起。她喝醉，但醉了也於事無補，終於吞了整瓶阿斯匹靈，在家人的照顧下，數天後才在醫院中醒了過來。

敏娣在自殺前至少應該要先釐清現實處境，接受事實，縱使她對菲利浦有深深愛戀，但菲利浦已不是愛情的自由人。如果他們真的如此相愛相惜，則雙方都應該採取行動。在菲利浦未離婚前，他們不應再相見。除非菲利浦真的離了婚，否則敏娣的任何行動都是在冒險。她必須離開菲利浦一段時間，先學著如何愛她自己，如何從生活中獲得快樂，而不是把快樂建築在菲利浦一個人身上。

6數和其他命數的緣分

6數配1數——不合適

雙方都很精明幹練，愛情可望成功，但1數想要掌權，希望6數聽從吩咐。一段時間之後，6數會因倦生厭，開始反抗。

6數配2數——合適

2數終於找到乖巧聽話、任勞任怨的對象，6數也找到肯定他奉獻的親密愛人。但是6數如果未妥善照料自己，會發生問題。

6數配3數——合適

這段感情遠景看好，彼此都能為對方著想，志趣也相投。但6數太寵愛3數，3數食髓知味後會變本加厲，直到兩人元氣大傷，埋怨對方愛得不夠深為止。

6數配4數——合適

4數需要一個關心和終日廝守的伴侶，6數本能地了解4數的需求並且配合無間。除非極度地意見相左，不然兩人恩愛非常。要花費很大的氣力才能有所改變，但6數可能等不了那麼久。

6數配5數——不合適

6數的無微不至使5數如沐春風，但6數要求5數相對付出時，5數卻寧可決裂也不願退讓。除非雙方的付出相當，不然彼此都不會快樂。

6數配6數——不合適

兩人有羅密歐和茱麗葉的激情，但願不致有同樣悲慘的結局。雙方需要坦誠相見，彼此肯定，誰也別想控制誰，否則冷戰一開打，只有兩敗俱傷的份。

6數配7數——不合適

雖然雙方彼此深深吸引，6數卻將痛苦地發現7數喜歡獨處，而且6數愛7數較深，這點令雙方備覺空虛無奈。最好能夠欣賞彼此的差異，相互尊重。

6數配8數——合適

8數為6數的辛勤努力增添集中火力，是活力充沛的一對。如果各自忙於事業，很少相聚在一起，或是生活太安定而單調時，感情就會出現危機。

6數配9數——合適

9數和6數一樣具有助人的熱忱。9數豐富的想像力和十足的精力令愛情多采多姿。假如9數太不切實際使6數失望，或覺得6數的要求太高，感情就會產生裂痕。

7數

負面性格解析和因應之道

為7數喜愛追求所有真理，當婚嫁的年齡一到，應該已經了解婚姻幸福之道，可惜不然。7數確實喜歡追根究柢，可是碰上不喜歡的事，他們會視而不見，希望它自動消失，可是事與願違。

7數的愛情觀不是自我犧牲，為愛奉獻型的，他們太實際了。他們追求的伴侶必須智慧過人、心地善良。7數認為情人應該像朋友，有分享，也有個人的空間。

7數重視獨處的時間和跟著感覺走的行為，使其他命數「抓狂」。伴侶若想要掌握7數的所有時間，7數會感到威脅逼近，而且很傷心。他們認為這樣表示伴侶不信任他們，如果缺乏信賴，愛情就無法生存，伴侶若不趕快補救，感情會從此走下坡。

和7數談戀愛，你會以為他注重個人空間是別有用心，也許是想偷懶或偷腥；

甚至以為他們不愛你，和你在一起是有所圖謀。他們酷酷的個性是為一己之私利用愛來擺布你的表現。

7數對愛情不輕易鬆手，分手時變得非常情緒化，會想盡辦法控制情勢來挽留你。你若給他們的安全感不足，也會產生同樣的情形。他們想百分之百占有你，會變得非常專制。他們真心愛你才會失去理性，因愛瘋狂。如果他們對你失去興趣，分手自然易如反掌。

喜歡找個知性十足的朋友型愛人，7數是最佳選擇。但很多人認為7數太冷靜、貪圖享受。他們自己一人從事喜好的活動時，就像重新充電一般。性生活對他們而言並不那麼重要，他們能享受性愛但不致耽溺其中，次數不多無所謂，反而減輕了伴侶壓力。除非他們對愛沒有安全感，懷疑你變心，才會藉性生活來傳遞愛意。

切記7數的愛情有許多層面，不只是生理、情感，和心智而已，還有精神的層面。他們是最具靈性的一種人，直覺非常靈敏、非常細心。這表示你有祕密也藏不住，你若有心事，嘴上沒說，他們總是猜得很準，說中你的心坎。

既然瞞不住他們，最好對他們坦然無欺。但言語須謹慎，以免起人疑竇，否則

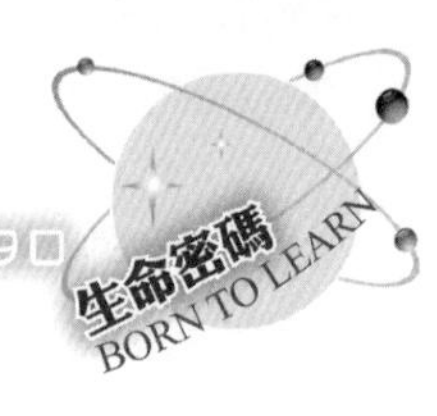

他們一失去理智就很難應付。此時你最好按兵不動，先順從他們的意志，等他們恢復冷靜之後，再來溝通、解決問題。

如果你缺乏安全感或他們令你失望，別悶在心裡。他們能感受到你的沮喪也隨之消沉。請坦白告知你的感受，要求他們詳細解釋、幫助你了解。用「我有一個問題，請你說明我為什麼會有這種感受」的理性態度出發，切勿用指責的語氣，如：「你為什麼丟下我不管？」最好改為：「你去做什麼，為什麼這麼久才回來？」等他答覆之後，再說你很想念他，下次再有同樣情形請先告知，你才能做好心理準備，不致如此擔心他。和7數生活需要耐心，經常保持溫馨浪漫，否則愛情會迅速冷卻。

7數的愛情故事

海倫年輕貌美，喜歡日子過得輕鬆自在，不少男子拜倒在她的石榴裙下，她雖然都看不上眼，倒交了不少朋友。女孩子都很嫉妒，因為她有很多男友候選人，她卻不做選擇，害得別人沒有機會。直到她終於遇到亨利，亨利英俊又多金，是個成功的商人。他也很欣賞海倫，跟海倫說，只要跟著他，他可以給她一切，要什麼有什麼，隨心所欲，只要她也愛他就夠了。海倫心想她可以和現在一樣自在，又有人百般呵護，是個不錯的機會，就答應了亨利的求婚。他們度過快樂的新婚蜜月期，海倫繼續做原來的工作，亨利出門做生意讓海倫予取予求，海倫太幸福了！甚至感覺這是生平第一次陷入愛河。

當然他們之間也會有摩擦時刻，有時候海倫覺得亨利老跟在身旁，真是討厭，尤其是亨利對她的抱怨不理不睬時，這時候海倫寧願獨自外出，丟下亨利心情低落地留在家裡。亨利想要的是海倫肯給他機會解釋，他們之間可以盡釋前嫌，後來他發現海倫自己從外面回來就顯得特別高興，他才恍然大悟，事情並不簡單。

自從海倫自行創業後，原來隱藏的問題一一呈現出來。海倫大部分時間都投注在事業上，留給亨利的時間越來越少，她經營事業有聲有色，成敗的嚴酷考驗她躍躍欲試。他們相聚時刻雖短，亨利總會傾聽她的生意經，希望了解他缺席的那一部分，但心裡深處不免沮喪，看起來海倫對事業比對他有興致得多，而他卻對這種劣勢無能為力。亨利只好也找事忙，安慰自己說任何事情都有解決的辦法，如果海倫

懷孕，她便會把重心轉移到家庭和他身上，亨利找到機會與海倫商量，海倫卻說要她懷孕的想法太愚蠢，她現在的生活完全符合自己的期望，再好也不過了，懷孕就得放棄工作，想都別想！

海倫的反應給了亨利當頭棒喝，他苦思如何才能解決問題，健康卻在這時候出了狀況。海倫雖隱約感覺丈夫有不快，卻不理解其中原因，讓她做自己愛做的事，是他們婚前的協議，他的保證，會有什麼問題？何況她仍舊愛著他，相聚雖短，卻很快樂，要說他們之間有問題，一定是亨利的頭殼壞了。

某日亨利趕赴一場商業午餐，在同一家餐廳，他無意中瞥見海倫與一名英俊男士也在用餐，有說有笑，狀甚愉快。聽到他們的角落傳來笑語連連，亨利整顆心都往下沉，為了不給她難堪，他按捺住氣憤沒打招呼。

當晚他沉思良久，舉棋不定，他應該與她分開還是保持貌合神離。海倫一如往常晚歸，未見亨利，只見他的留言，解釋他選擇離開，讓她完全擁有自己的天空。海倫很錯愕，她可不想離開亨利。

要挽救這場婚姻，海倫不能再那麼自私，只顧接受亨利的給與，忽略亨利也需要她的給與，畢竟他們之間的施與受太不平衡了。要維持關係，海倫就得做一點小小犧牲，多留些時間與亨利相處，雖說兩人都忙，至少可以像剛認識時一樣，約定好回家或見面的時刻，則他們之間大半問題都可迎刃而解。如果他們仍放任自己各自對外在事務的忙碌，別忘了愛情也需要時間與心力的雙重投資，才禁得起考驗。

7數和其他命數的緣分

7數配1數——相當合適

1數是行動派的野心家，7數是三思而行的思想家，雙方還能互相尊重。兩人若能互相輔佐，可說無往不利，但7數的溫吞常讓1數備感挫折。

7數配2數——不合適

兩人都喜歡分析和思考，因此互相欣賞。但是7數需要思考的時間和空間，可2數不能理解這種需要，會疑心7數不愛他（她）。7數或許會承受不了這種情緒壓力而離開。

7數配3數——不合適

這一對是極端的組合。3數凡事只看表面，7數卻想深入探究。兩人若只想開心就會天下太平，否則雙方歧異又不容易更改的觀點將使生活不得安寧。

7數配4數——相當合適

兩人都認為財富代表安全感，因此愛情很有希望開花結果。但7數可能很快就厭倦了，想多點時間獨處，因此傷了4數的心，免不了又是一場風波。

7數配5數——相當合適

兩人各自喜歡獨處，不介意給對方必須的空間。互相尊重使雙方獲益。但雙方意見偶爾不合，結果兩人獨處的時間可能多過相聚一起的時光。

7數配6數——不合適

雖然雙方彼此深深吸引，6數卻將痛苦地發現7數喜歡獨處，而且6數愛7數較深，這點令雙方備覺空虛無奈。最好能夠欣賞彼此的差異，相互尊重。

7數配7數——不合適

同為注重知性的人在一起很美滿，但因各自需要大量的時間思考，所以熱情迅速冷卻，必須致力保持浪漫，如果一方疏於經營，感情便很難維持。

7數配8數——相當合適

8數能體諒7數需要個人的空間。雖然略感不滿，但不會計較，只要7數協助他們提升高層次的修為即可。若溝通良好，生活必然幸福美滿。

7數配9數——相當合適

7數欣賞9數的純真和古道熱腸，9數賞識7數的知性和專注，這是9數所欠缺的。如果7數缺乏安全感想控制9數，問題就此產生。

Dr.Lenis小語

一對男女可以長期相處在一起，不是因為宗教、文化等原因不能離婚，擔心會沒有經濟來源和安全感等理由，就是他們彼此非常努力維持相互的關係健康發展。

8數

負面性格解析和因應之道

8數個性討喜，寧可壓抑自己去討別人歡心。原因之一是他們野心勃勃，暗地想要功成名就。直上青雲的欲望非常強烈，主宰了他們的生活。他們小心翼翼地呵護著這股欲望，為了確保成功，總是將一切美化，然後相信自己總有一天會達到目的。

其他人或許認為8數使詐。但8數其實是九個命數中最誠實的，他們的作為只是想掃除一切障礙，讓世界更美好。在他們眼中，結果最重要，手段彈性一點無妨。他們最希望周遭的人開心、成功。

臨機應變的確切合實際而且能達到目的。這是業務人員刺激消費者購買的必用招數，也是企業界鑽法律漏洞和不法交易，以增加營收的辦法。你若用來自欺就不好了。

8數開始壓抑怒氣或其他負面的情緒，粉飾太平時，內心蓄積的壓力與日俱增，像個隨時會爆發的定時炸彈。當8數遭受不公平待遇，或事情發展不如預期，他們往往不願反擊或控制局勢，寧可做個沉默的合夥人，顧而不問。多數人眼見公司有難或光天化日遭人打劫，都會奮不顧身，仗義執言，但命數是8的人就是辦不到。

如果情勢涉及另一個人，需要反擊，8數才會挺身而出。如果陷入麻煩的只有自己，他們要花很長的時間才會採取行動。愛上8數的人要用敬畏的眼光看他們，他們內心極為堅強、自信，但深藏不露，包容力極大但有極限。如果他們無法對自己誠實，只好默默承受一切，直到問題產生為止。

問題包括精神崩潰、行為攻擊、婚姻破裂、罹患不治之症、其他疾患等等。

和8數相處並不容易，你要能看穿他們的心思，採取行動解決，以及保護他們。8數的人看在眼裡，會更愛你。他們認為你的舉動代表你尊重他們的能力，願意從旁輔助，使世界更有正義、更美好。

憤怒和攻擊性的行為改變不了命數是8的人，只會讓他們更執拗、更閉塞。或許他們表面上會贊同你，其實只是為了討你歡心而已。他們的內心深受創傷，傷口要很久才能癒合。因此每次爭吵，你要盡快冷靜下來，別吵得太厲害，以免造成8數心中永遠的痛。8數或許會原諒你，但永遠無法忘懷這件事，對你的印象也會永遠改觀，需要費盡心思才能使一切恢復舊觀。

和8數意見不合時，切記你並不了解他全部的心思。如果他直言不諱，你馬上就能了解，爭執立即瓦解冰消，但他們就是說不上來，你只有提醒自己多控制自己。你必須耐性十足、保護8數，兩人的感情才會有進展。

8數的愛情故事

莉娜是班上公認最和善的人，雖然她不是第一名，但成績一向不錯，沒有脾氣又樂於助人。畢業後她找到一份不錯的穩定工作，雖然也算是工作愉快，但總覺得有一種飢渴，生活中似乎總少了點什麼。精美的東西買不起，又想自己做生意，這兩者她都缺乏資金，更何況她家境不好，家裡還得靠她接濟，她還是老老實實守本分別作夢了！

畢業一年後，她遇到堅毅而聰明的湯尼，她被湯尼身上的潛力深深吸引。在她心目中，湯尼未來一定可以飛黃騰達，他身上好像有一股自然的吸引力，只要給與適當協助，就可以把錢財吸過來。她不假思索，立即答應他的求婚。

可惜他們的婚姻一開始就有問題。湯尼喜歡居家生活井然有序，並要莉娜嚴格遵從。莉娜表面上都予以贊同，為了避免麻煩，她把自己真正的想法隱藏起來。湯尼的要求毫不鬆懈，可憐的莉娜只好懷抱希望有一天事情會自己解決。他們終於存夠了錢，開創了自己的事業，而且還頗為成功。

莉娜相信貧賤夫妻百事哀，有了錢，他們的婚姻自然會美滿，她期望湯尼會從此善待她，讓她一起參與他們的事業經營。湯尼可不這麼打算，他不准莉娜過問生意，把錢管得牢牢的，回到家一樣頤指氣使，只要莉娜有點不同意見，他馬上威脅要丟下她和兩個孩子，自己遠走高飛。

莉娜真是進退維谷，如果剛結婚時她就不怕表明立場，也不至於讓湯尼這麼囂張。如今又有了兩個孩子，她可說是進退失據，沒有湯尼也就失去財務上的支撐，孩子們要怎麼辦？莉娜左思右想，只好抱著湯尼會自動改變的一線希望，無奈地留了下來。

要挽救這場婚姻可說有點為時已晚，如果莉娜一開始就不輕易妥協，問題就不會這麼棘手，至少她可以選擇離開，回到父母身邊，不必考慮孩子的問題。

如今最重要的是，她到底認清事實沒有？她仍是自己命運的主宰，如果問題只在於錢，她對湯尼就不應有怨言；如果問題不只是錢而已，還有其他因素，莉娜就必須在複雜的問題中先理出孰重孰輕的次序，才能一步一步地解決問題。

8數和其他命數的緣分

8數配1數——不合適

兩人都是強勢能幹的領導者，但8數會在權力爭奪戰中退讓，因為8數想避免衝突，自己承受一切壓力。這些壓力不加以紓解的話，日後將爆發更激烈的戰爭。

8數配2數——合適

8數充滿愛心和體貼，甚得2數青睞，8數也喜歡2數的親密和戀愛方式。8數不強居領導地位的話，一切順遂。如果8數霸道不讓，2數會口服心不服，麻煩很快就會降臨。

8數配3數——相當合適

8數認為3數是潛力十足的伴侶，志趣相投，喜歡生活過得開心熱鬧。但是8數會敦促3數努力有所成就。最怕的是雙方都想改變對方的觀點，簡直是癡人說夢。

8數配4數——合適

兩人工作認真、務實、志同道合。8數能夠承擔風險，4數卻怯於冒險。因此8數為求成長而決心做必要的冒險時，4數會出面阻撓，使得愛情盡失風味。兩人或許還在一起，但早已不復昔日的熱情。

8數配5數——相當合適

人生觀極為相近。8數天生不擅表達內心感受因而有時備感孤立無援，而且會專橫地想左右5數，結果只會惹惱5數。

8數配6數——合適

8數為6數的辛勤努力增添集中火力，是活力充沛的一對。如果各自忙於事業，很少相聚在一起，或是生活太安定單調時，感情就會出現危機。

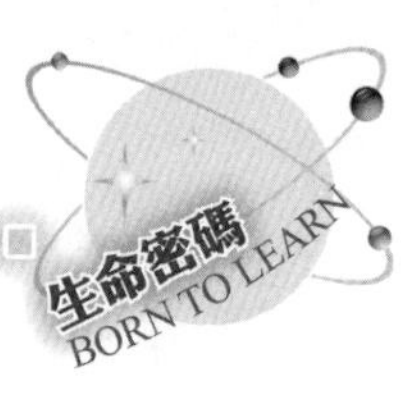

8數配7數——相當合適

8數能體諒7數需要個人的時間和空間。雖略感不滿，但不會計較，只要7數協助他們提升高層次的修為即可。若溝通良好，生活必然幸福美滿。

8數配8數——不合適

彼此不能坦誠打開心扉，無法建立良好的愛情生活。之後彼此越來越不滿，感情逐漸疏離。要花很大工夫才能避免情感疏遠，成功依然有希望。

8數配9數——不合適

兩人都樂於付出和助人，一見鍾情。但認識一深，8數才發覺9數光會作夢，因此督促他們具體行動。9數因此大失所望，改向他人尋求支持和愛情。

數

負面性格解析和因應之道

9數頗有施恩不望報的寬大胸襟。即使毫無回報，他們也不改初衷，深信終有一天有人會注意到他們的付出而報答。他們願意終身等待那個人，給他們一個阿拉丁神燈，幫助其夢想成真。即使夢想不可能實現，他們還是精力充沛、充滿志向、不斷努力。

如果你愛上命數是9的人，這種不顧現實、赴湯蹈火、在所不辭的態度是你的一大考驗。如果你將事實攤在他們面前，戳破他們的幻夢，試圖扭轉其想法，他們會指稱你悲觀、沒有理想、俗氣貪財，或太現實，再怪你不愛他們，所以不支持他們，說你不尊重他們，咄咄逼人，要求太苛。

就算你點醒他們，別再玩世不恭並受朋友利用（他們通常會受友人利用），他們也不讓步，甚至以暴力反擊。因為你攻擊他深信不疑的人生目標，斥責他一無是

處。他會老羞成怒，陷入半瘋狂狀態，甚至完全失控。

你必須先了解他們的人生目標才能與之相處。他們淡泊名利，所以不如8數實際、工心計。他們努力當然想得到報酬，但即使沒有報酬，依然努力不懈，不實現夢想絕不罷休。

其實這種情操令人欽佩。人生本來就應該為理想和目標而活，不然人生豈不無聊，缺乏意義？9數的缺點是太投入夢想，而將夢想與現實混為一談，要他們清醒恐怕希望渺茫。未經現實的痛苦鞭笞，無法回到現實。你好心點醒他們，他們反而恨你，怨你粉碎他們的美夢。你最好還是別拿你倆的感情開玩笑。

和9數溝通需要技巧，必須允許他們追夢，提供一些增進效率的方法。如果你看不慣他們的所作所為，最好掉頭走開，說服他們改變，無異與之為敵。最重要的是永遠支持他們、肯定他們，無論如何不可倒戈，才可暫時將他們帶回現實。回到現實的意思是，忍受他們的磨練。幸而9數從不記恨。

9數是愛情的奴隸，伴侶很喜歡他們幫助，不久9數便凡事一肩扛。奇怪的是他們不埋怨，也不認為自己受人利用，直到身體和荷包都不勝負荷為止。這時他們會揮慧劍斬情絲，轉移目標。

找個合適的伴侶對9數特別重要。能賞識9數的心血，不擺布他們的人，可與之共度美滿的人生。此外，9數的對象至少必須和9數一樣樂於付出，否則9數會吃虧。9數是九種命數中，最易遭人利用和擺布的。

9數的愛情故事

欣西亞樂於助人又幽默，她的男友班尼就是被她的幽默感和亮麗外表所吸引。特別讓他覺得窩心的是，欣西亞常主動照顧他、幫他做事。班尼有一個高薪的工作，壓力也特別大，因此很感激欣西亞對他的照料。然而雖然他們相愛已久，欣西亞總覺得有點不對勁。

他們的愛情長跑已有七年，常常論及婚嫁，但班尼老是找藉口拖拖拉拉。欣西亞很想生小孩，班尼卻不要有小孩，直說他尚未做好心理準備。多年過去，欣西亞還做著同樣的夢，與班尼的關係就變得情緒化起來。她等班尼等得不耐煩了，何況就要過了安全的生育年齡，她想與班尼分手算了。為了挽回欣西亞，班尼不得不再次擇定一個婚期，但是等欣西亞情緒平復，班尼又找到藉口延期，欣西亞再度抱怨時，班尼就找一些新點子討好她。

這次欣西亞真的下定決心，她打電話給班尼，說這是他們之間最後一次談話。班尼馬上又送禮物又送花，邀她一起去旅行，再派欣西亞的好友為他說情。但是這一次沒有任何招數奏效，欣西亞鐵了心腸不理不睬，可是班尼也不放棄，最後他以自殺做威脅。欣西亞想到如果班尼死了，她一定傷心欲絕，馬上就心軟了。但她開出了條件，就是要在半年內結婚。

婚禮如期完成，讓欣西亞如釋重負，七年來的夢想終於實現了，對欣西亞來說，接下來的問題是：什麼時候生小孩？婚後已一年，欣西亞還沒有懷孕，班尼工作得更為賣力，他們之間幾乎已沒有性生活。欣西亞只好找醫生檢查，結果她一切正常，班尼則有精子數太低的問題。

為了讓欣西亞懷孕，班尼必須在工作時間請假回家休息，調養身體，並保持固定的性生活。班尼嚷說這根本不可行，他一向在工作上全力以赴，投入他所有的精力，這麼做說不定會被解雇，懷孕的事以後再說吧！他拒絕繼續討論。

欣西亞真是悲憤莫名，她等了這麼久，到頭來才發現班尼根本不孕，她怎麼辦？離開班尼另找他人？還是先辦領養，再等班尼回心轉意一起努力？

其實欣西亞的人生目標非常清楚，就是要結婚生子。她要解決問題就看她要過怎樣的生活，如果只要當個母親，她就需認清事實：班尼可不想當父親，此路不通。如果對她來說，班尼勝過一切，領養又何妨？設定人生目標並無罪過，但如果昧於現實則會傷及自己。欣西亞早該聽家人和友人的勸告，離開班尼另尋與她有共同人生目標的對象，她對班尼期望太多，不聽警語，導致最後要付出慘痛的代價。

9數和其他命數的緣分

9數配1數——不合適

1數重實際，9數好幻想。1數很快就懂得利用未來的憧憬來哄騙9數前進。但9數終將了解自己受人擺布和利用。

9數配2數——相當合適

兩人相處融洽，因為9數樂於付出，2數願意合作。只要兩人達到平衡，一切都

很美滿。但9數必須多陪2數，否則9數耽於夢想忽略2數時，2數會拔腿離去。

9數配3數——合適

9數的愛心和服務熱忱深深吸引理想化的3數。兩人努力的話，可以滿足彼此的需要，但高標準的3數要求行動要有具體成果，9數只注重過程，不在乎結果，令3數大感挫折。

9數配4數——不合適

這段感情走得很辛苦，因為9數熱中夢想，疏於現實事務。4數恰好相反，想法非常切合實際。4數向9數解釋這點時，9數不願受羈絆。9數重視自由，4數若企圖剝奪其自由，愛情就此告吹。

9數配5數——不合適

5數頗能享受9數的照顧和趣味，卻無法滿足9數內心深層的感情需求。兩人的愛情處處受限，油然興起分手之念頭。

9數配6數——合適

兩人同樣具有助人的熱忱。9數豐富的想像力和十足的精力令愛情多采多姿。

假如9數太不切實際使6數失望，或覺得6數的要求太高，感情就會產生裂痕。

9數配7數——相當合適

7數欣賞9數的純真和古道熱腸，9數賞識7數的知性和專注，這是9數所欠缺的。如果7數缺乏安全感而想掌控9數，就會產生問題。

9數配8數——不合適

兩人都樂於付出和助人，一見鍾情。但認識一深，8數才發覺9數光會作夢，因此督促他們具體行動。9數因此大失所望，改向他人尋求支持和愛情。

9數配9數——不合適

兩人若是目標一致，或許能成功。不然便會發展各自的生活，而對兩人的生活漸覺乏味，愛情因此慢慢由濃轉淡，最後各自另謀發展。

第8章 人生的自然週期循環

人多半不喜歡改變，但人生難免改變。自從我們在母體內孕育成形開始，就不斷成長變化，身體細胞不斷老化更新。出生之後，面對種種的挑戰，我們必須調整自己去適應環境，才能生存。我們的性格開始改變，隨年齡增長更顯成熟。最後不論人生成敗，終將到達人生的終點，灰飛煙滅，變成另一種能量形式。

佛家和其他傳統想法認為人應該接受改變，歡迎改變，唯有改變才能重生。生命少了改變就無法繼續，少了四季變化，農作物無法再收成，人畜都會餓死。因此沒有改變就沒有生命可言。

既然改變不可或缺，為什麼這麼多人厭惡改變？這要從個人的哲學背景說起。假使你缺乏安全感，不相信人生有什麼目的，就會抗拒改變。話說回來，如果你認為人生有目的——例如人生以學習修身為目的——就能接納改變，利用改變達到修身之目的。

相信人生有目的對身心有益，因為你就可以不用再害怕改變，把恐懼的能量作更具建設性的用途。之後你會發現不尋常的現象發生了，生活中的改變似乎遵照著某種模式或未知的週期而循環。

寒冬盡暖春來，氣候變化有模式，人生變化也有模式可循：否極泰來，樂極生悲。這些生命週期於人生幸福有重大影響，我們必須接受，無怪乎老祖宗說時機甚於一切。

股市是焦慮之淵藪，崩盤時自殺者時有所聞，這是無知和缺乏耐心造成的。股市乃是漲跌互見，有起有落，跌至谷底必再反彈，漲到高點必會跌落，逢低買進，遇高賣出，如此而已，沒有什麼高深的祕密，股市也是有週期循環的。

人生也是如此，有喜有悲，苦樂參半，有時可能找工作接連碰壁，之後又忽然有好幾家公司爭相聘用。

愛情也有週期，單身者可能尋尋覓覓千百度，不見意中人蹤跡，待心有所屬，

卻突然「良人」輩出。世事無非是機緣二字，不可強求。

生命密碼認為命運無法百分之百預卜，冥冥中彷佛有不可知的力量作用在我們身上，每一個週期都有禍有福，我們若能了解這些潛在的週期，當可趨吉避凶。但是我們如何得知自己置身哪一個週期呢？

生命密碼利用出生年月日做一連串簡單的運算，告訴我們流年、流月、流日、流時的吉凶，我們就能掌握採取行動的時機了。就像股市分析走勢圖一般，掌握流年可以降低風險，事半功倍。

這樣的預測準確嗎？依據生命密碼的計算，十八年為一循環週期，因為月亮完成一次軌道運行需時約十八年，影響地球最鉅的星座就是月亮。月亮影響潮汐和氣候、人畜的月事，醫院的急診室也以月圓之夜傷患較多。當今許多資料皆證明月亮於我們的生活有舉足輕重的影響。

此刻月亮的位置所在，十八年前在此，十八年後也在此，表示月亮對人生的影響每十八年循環一次，生命密碼的預測即以此循環為基礎。

再將十八年分為九年兩個小循環，九年順利之後就有九年的災厄。再根據每一年的數（1－9）決定你受哪一種影響，再用同樣的方法來分析月、日、時。分析循環的方法有二：

一、回溯記憶法

根據月亮十八年循環一次的模式，我們很容易預測何時會發生什麼大事。你只需把截至目前為止發生的大事記錄下來，一年一年追溯回去，直到回到十八年前——回溯法較易想起每年發生的事情，把搬家、找到工作、結婚、畢業之類的事如數記載下來。

紀錄清單完成之後，找出順利的九年始於何時，終止於何年？是走運還是背運？再將今昔相較，可有任何雷同之處？若時光倒流，你是否會做不同的決定？

試著記取十八年來的教訓，做決定時更加謹慎。十八年前的事，當時的運氣，很可能會歷史重演。如果當時計畫失敗，你現在應該做最壞的打算，比前次更加小心。如果當時計畫成功，這次你應該把握良機，更大膽地投入。

你若肯花心思的話，這個簡單的預測法出奇準確，難就難在無法詳實回憶起

每一年發生的大事。只要你記性夠好，就能預測將來會發生什麼事，即使不懂占星學、生命密碼或其他方法，也能未卜先知。

二、直接法

生命密碼提供你一個更簡單的方法，可以認定你現在處於哪一個循環週期，只要簡單的運算就能知禍福，用不著通曉過去，就可以預卜將來。將你的出生月和出生日再加上當年的年份即可，稱之為流年。

舉例8.1來說明：

例8.1

生辰為1943年

12月24日

取月日相加：

1＋2＝3（月），

2＋4＝6（日）

3＋6＝9

若今年為1997年：

1+9+9＋7＝26

2＋6＝8

出生月日之和

加上今年之和

9＋8＝17

1＋7＝8

表示當事人自今年生日起到明年的生日為止，會受到8數的影響。

值得注意的是，一九九七年十二月二十四日前，推算身處哪一個循環週期時，年份需用一九九六年，因此在例8.1中，其流年數為7數。

請注意：

一般占數家以一月一日到來年的一月一日為流年，但依筆者多年經驗判斷，以生日來算較為準確。

算出流年之後，再推算流月。比方說，你的流年數是7，想知道流月的運氣（以11月為例），將7與月之和（1＋1＝2）相加，7＋2＝9，表示11月將受9數支配。

流日的算法是將日數之和（以16日為例，1＋6＝7）與流月數9相加得16，然後1＋6＝7，因此16日當天受7數影響。

能知道出生時辰就更準了，流日的循環自出生時開始，影響最強的時間為出生時候的第十二小時左右。因此上例之當事人若於午後四時出生，十一月十六日三點五十九分前，仍受6數影響，影響最強的時間為午後四時再加十二小時，為隔日凌晨

兩點。

接下來解釋數如何影響你的生活。先算出流年數，參照下文對該數循環週期之說明，有興趣還可以繼續往下讀，了解未來的發展。繼之推算流月和流日，綜合三數的循環週期說明，即可得知。

一般來講，流年的影響力最大，可決定吉或凶。由此你可以配合時機預做防範或順勢出擊，也可結合流月、流日算得更細。

如果你想做新的嘗試卻流年不利，就會發現一切都不順，使你悔不當初。凡事要看時機，流年即可確認時機是否適宜，還能修訂你的計畫，助你馬到成功。

若流年數與流月數相同或相合，會有效果加倍的作用，反之則沖淡流年的影響。流日數可以預測哪一天會發生什麼事。流月數與流日數相同或相合時，會有大事發生。

關於數的相容性，請見第六章。雖然該章著重戀愛關係，但數與數互動的道理萬變不離其宗，可以幫助你了解流年、流月、流日三者的交互作用。

1數循環

凡事總有起點，1數循環是適合開始的週期。置身這個週期，你要獨立，要率先眾人。切忌拖延懶惰，時機一失，要再等9個循環之後，良機才會再來。話雖如此，凡事起頭難，但天下沒有不勞而獲之事，還是拿出勇氣振作為宜。

你要掌握一切狀況，全力以赴，樹立典範，不要再等他人伸出援手。確立目標之後，內心力量自會泉湧而出。慢慢思考清楚你的長程目標是什麼，9個循環過後想獲得什麼成就，9個循環指的是9天、9個月或9年。

你現在做的是播種的工作，日後才會開花結果。眼前不把握機會，將來一定後悔。想阻止的現在就動手，否則定會為害日深。你要果決，將來一定會苦盡甘來的。這是行動的時刻，要有雖千萬人吾往矣的精神。

2數循環

耐心是可貴的資產。本循環要你暫緩腳步休息，靜觀其變。前一個循環播的種子現在開始抽芽，你要敏銳觀察事情的發展，適時糾正錯誤，排除困難。

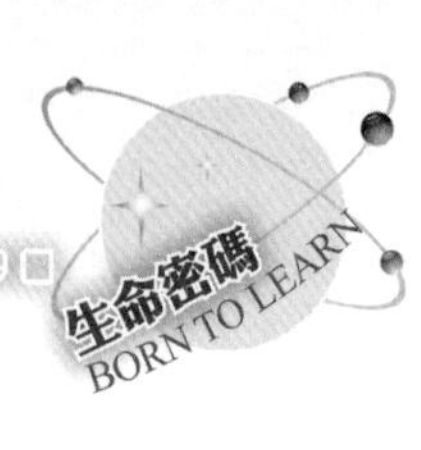

現階段的你該認真考慮合夥，不要硬往前衝，勉強成事，否則徒然惹出禍端。你要開放心胸，吸引自己想要的事發生。這是修整裝飾的時機，可刪減支出、增加利潤、裝潢房舍、添置行頭，展現專業和尊貴的氣度。

在人際關係方面應致力彼此了解，治療沉疴。這個循環適宜戀愛、返璞歸真，為日趨冷淡的愛情加溫，回復昔日約會的熱情，日後必歡呼收割。

這也是自我改進的好時機，減重、剪髮、添置新裝、改變造型、改正缺點，都可輕易成功。

3數循環

溝通能力和創造力此時最活躍。原先似乎膠著的難題如今兩三下就解決，是重新檢討問題，思考對策的好時機，是腦力激盪、構思新點子的絕佳時刻。任想像與創意奔馳吧，你會靈思泉湧。此時利於拓展事業，但要明確估算成本，這個循環易產生「低估預算」的現象。

置身這個週期，特別擅長各式社交活動，你的幽默更加爐火純青，輕易成為宴會焦點。應藉此機會多邀朋友團聚，聯繫感情，逗別人開心，自己也好輕鬆一下，努力不會白費，會有報償。

個人生活方面可以長時間培養嗜好，平添自己的創意和喜悅。挪出時間做喜歡的事，尋回人生的趣味。減輕工作負擔，少加班，多點屬於自己的時間，一切都會值得，否則健康會受到影響。

4數循環

上一個循環放鬆之後，該是努力工作的時候了。停止拓展事業，集中心力以穩定根基。盡可能條理分明、腳踏實地，凡事不要拖延。這個循環賦予你無窮的能量，需要建立安全感，多把握機會。

盡情忙碌，不必擔心健康狀況，工作能帶給你快樂，休閒活動反而不見得使你開心。工作完成使你精神百倍，全力衝刺吧！請注意細節，節省開支以清償所有債務，努力節餘，以備即將來臨的不時之需。

人際關係力求冷靜和穩定，切勿冒險，以免後悔。盡力照料伴侶的需要，給予

彼此安全感，暫時把朋友放在一邊，現在是最需要彼此的時候。

5數循環

變化於5數循環開始，因為這個循環的主宰是自由，所以你可能會改變想法、結交新朋友、新情人等。你需要改變，因為你厭倦了一成不變的生活。快趁機享受自由，弄清到底想要什麼，再不改變的話，就平白失去大好機會。

趁這段時間打廣告促銷、廣結善緣，盡量建立人際網路。這是擴張和冒險的時刻，但不管你做什麼，要有建設性，要更接近你的目標。但是你的目標要時時掌握時代的脈動，才能充分利用每一個機會。

有時候改變令人驚惶和痛苦，因此特別需要勇氣，往前看就好。如果你不滿意你自己、你的職位、你目前的工作，莫再等待，拿出勇氣改變人生吧！

在人際關係方面，這段時間適合旅遊、交際，和朋友相聚，對情人要耐心相待，別妄想互相控制，否則容易導致嚴重後果，甚至留下無法彌補的遺憾。現在應該對彼此的愛情產生信心，不要愛得太苛，要自自然然，順水推舟。

6數循環

這段時間你能夠洞悉一切問題的根源，找出理想的對策，不論事業、愛情、身體健康等等皆可迎刃而解，也是該解決的時候了，現在不做，要等三年後，屆時情況更糟。

但是切記凡事要有始有終，不可馬虎，個人所有的責任一肩挑。這段時間利於解決問題，不利於製造問題。要勇於自我犧牲，利用這好時機一次就把事情做好，一勞永逸。

在人際關係方面，盡量多陪伴心愛的人，對方必然大受感動，兩人感情因此更上層樓。錯失良機可能導致戀情告吹。這段時間極適合結交知心好友，甚至步入結婚禮堂。

7數循環

這個循環較為出奇，需要你放鬆，不要刻意追求成就，但精神不可稍怠。你要反省、重新評估目標和行動，使思慮更縝密。你現在思緒清明，能看穿以前想不透

的事，因此適合尋找人生的真相。這段時間也很刺激，因為你會獲得一些訊息，保證你將來馬到成功。

雖然有些機會，但此時不宜拓展事業，財運也不亨通，再怎麼努力頂多保持現狀。要緊的是重新彙整資料，揭發不為人知的資訊和真相。之後要勇於面對事實，做必要的調整與改變，千萬不可心生怠惰或抗拒改變，以免損失不貲。

一般來說，此時宜於鬆弛身心，遠離人群。社交活動較以往累人，也無法締造良機，不如多陪陪家人或情人。你需要靜思目前的人生狀況，切莫讓噪音和干擾剝奪你寶貴的時間。

8數循環

這個循環是你等待已久的時刻。吃了這麼些苦，終於有所收穫。快採取行動實現計畫，收拾起鬆弛的心情，盡力發揮吧！

但是你要謹記，誠實才能帶來財運，別為了討好他人而做假。要直接爭取主控局勢。如果耕耘許久，此刻卻未見收穫，一定要明確檢討問題何在。

你若在以往7個週期務實、有效率的話，現在可說是最快樂的時候了，機會接二連三到來，包括新的工作機會、新的朋友，以及新的戀情。無論如何，請徹底了解自己的心願，善用大好機會，一展鴻圖。

9數循環

福氣終有用盡的時候。此刻不宜拓展，應將該做的事完成。此刻是讓想像力天馬行空，為下九個循環擬妥計畫。不宜執行新計畫，因為你會缺乏毅力去完成。

由於一切都將自然結束，你會覺得情緒化，但仍需控制情緒，全神貫注在擬定未來九年的新計畫。然而此刻倒是助人的好時機，可當義工，回饋社會。多享受過去的成果，勿因損失而嗟嘆。人生的阻礙或橫逆定要趁現在清除，終止任何無效的計畫或舉動，空氣中瀰漫著歡樂氣氛，利於發展健全的愛情。若愛情不健全，寧可割捨。若割捨不下，定要解決其中之問題。你需要全副精神為即將到來的另一個循環奮戰，別讓苟延殘喘的戀情拖垮你的未來。

第9章 成功之鑰

許多人都相信你的心願夠強烈，工作夠認真，你的美夢一定會成真，就像變魔術一般，絕地逢生，無中生有，從貧無立錐之地到富可敵國。你若問起成功的祕訣，他們的答案是：絕不放棄夢想，不論環境多困苦，誓言犧牲一切，達到目標。

乍看之下，好像只要相信自己，加上決心和毅力，定能成功。此話當真？只要努力就能成功，還是需要其他因素配合？我們真的能隨意挑選一個目標，秉持堅定的信念，理想就能實現？

根據生命密碼，成功的主因是選定的目標和命運相關。如前面幾章所言，我們的命運就是發揮潛能。因此成功的祕訣就是工作辛勤和目標正確。懶惰或是隨便訂定目標注定要失敗。

兩者當中以選擇目標最重要。目標如果符合己身興趣和能力，自然容易努力不懈。反之，如果罔顧自己的興趣，貪圖某份工作的前景，遲早會厭倦或放棄。

正確的目標需藉正確的職業來實現。選擇職業是人生最重要的決定。我們在學校所學以及大半輩子的青春都要奉獻給這份職業，求一己之溫飽。

人生苦短，切不可浪費生命在無謂的追求上面，應該選擇有報酬、具滿足感的職業。這個抉擇十分重要，可以決定一生的成功、快樂和健康情形。

選擇自己喜歡又能夠發揮所長的工作，工作就不再是負擔，即使沒有其他娛樂，工作也能給予我們快樂和滿足。

如果我們反其道而行，就會覺得自己在浪費生命，早晨睜開眼睛醒來就不想去上班，人生自然變得無趣、苦悶。即使你富甲一方、環遊世界、享盡奢華，除非你發掘人生的意義，否則還是感到沉悶無聊。史有明鑑，許多功成名就的人就是因此吸毒、酗酒和自殺。

工作的成就感如此重要，奇怪的是，我們在求職時獲得的協助卻少得可憐。

忠告通常是來自師長、父母、朋友和媒體，他們多半認為「錢途」最重要。有

些人根本懶得考慮，找到什麼工作就做什麼。

這種瞎矇的方式能找到正確職業的機會是微乎其微。不了解自己的特長，如何正確的選擇？一般人認為高中或大學畢業之後再為求職煩惱即可，其實我們的職業生涯自誕生那一刻就開始了。我們應該善用與生俱來的稟賦，加以發揮，引導我們做正確的選擇。

確認天賦的使命

生命密碼教你如何算出命數，再參照前文靈數的部分，就可以知道你有哪些天賦，適合從事哪一種行業。你若具有一種以上的天賦，表示你很幸運，可任選一種來發揮，或綜合所長皆可，因為你能選擇的範圍比較廣。

了解自己的天賦所在，選擇工作就比較容易。但為了完全發揮潛能，不只是職業，最好是每一件事都能用得上你的天賦，這正是生活幸福的關鍵。

從事的一切都能發揮天賦時，生活便蘊藏無限的快樂。嘗試在烹飪、與朋友交談、開車和其他日常事務上都運用天賦，而職業是這個過程的延伸。

除了清楚自己的才能外，你還必須找出一個能充分表達你向世人傳達的訊息，什麼樣的訊息你要藉著發揮天賦傳入世界呢？

選擇職業時，大部分人會考慮自己的喜好，哪一種工作比較有趣。這種思考方式通常無法找到正確的職業，因為一開始很有趣，時日一久，便後繼乏力了。真正的快樂來自付出，不是獲得。你在考慮時應該自問：你利用天賦為世人做什麼貢獻？如果你能改變世界，你會如何推動這項改變，實現夢想呢？

等你活到九十歲，躺在床上回顧一生時，會希望自己年輕時做什麼，才不白走這一遭？是否改善了世界？如果你能立於不敗之地，最想為改造人世貢獻什麼？如果你中彩券，一輩子衣食無虞，你願如何改變他人？如何幫助他們？

天賦不是成就，是完成目標的工具。你想透過工作和生活傳達什麼感受或特質給他人？將你的人生目標用一句話表達出來，便於記憶，再縮成一個字或詞更好，亦即你的「目標字眼」（**goal-word**），說明你的天賦使命是什麼。一時想不到合適的字眼沒有關係，先從一句話著手，再慢慢縮減，一段時間之後靈感自然浮現。

容筆者舉幾個例子：如果你有本領鼓勵人朝光明面看，振作他們的精神，你

的目標字眼可能是：啟發靈感、娛樂、滿足感等。如果你以治療他人為目標，目標字眼可能是：澄清疑慮、強化自我力量、鬆弛身心、歡樂，或其他與治療有關的詞彙。

可用的目標字眼不勝枚舉，包括：觸媒（牽成人事，促進成長）、穩定器（給與安全和支持）、栽培者（激發潛能）、正義（發揚真善）、揭發者（糾舉不義）等等。

選定目標字眼之後，接下來是改變自己，證明你有誠意。你必須發揮潛力，以身作則，全面改造生活。一言一行以目標字眼為準則，服裝和思考方式也包含在內。你事業的真正目的就是在表達這個目標。

只要你重視目標字眼，不論入哪一行都會成功，因為你的工作正是傳遞訊息的機會。有生之年持續不輟的話，工作就會帶給你極大的滿足感。如此一來，即使壽命明天就要終止，也了無遺憾，因為你已盡了天職。

有時候為了更能達到目標，你必須換工作。不可諱言地，某些工作確實限制較多，實現目標字眼的機會很少，你必須自行創業或換個工作。做這個決定很困難，不過俗語說得好：「留得青山在，不怕沒柴燒。」

假使目前的工作不容你達成人生目標，那麼你就該辭職，至少休假一段時間，考慮清楚自己有哪些選擇。只要採取必要的步驟，適合的工作自然會出現在眼前。目標字眼的代名詞即是一生的職志，等你領悟到自己畢生的職志是什麼，工作就不會再受挫或受限了。

一旦確立人生的目標之後，決定找什麼工作就很簡單了。然而許多工作需要高學歷，有時有些人囿於養家活口的義務，無法回校進修取得更高的學位。但不必擔心擺脫不了眼前不理想的工作，只要根據目標改變自己即可。等到你已徹底身體力行，貫通目標字眼訊息，良機自會神奇出現，引領你邁向幸福之境。

通往成功的奧妙途徑

成功的定義因人而異，有些人相信獲得真愛即是成功，一嘗愛情之甜蜜，此生足矣。有些人認為錢財是成功的同義詞，錢越多越成功。這種拜金主義的人不在少數。有些人認為靈魂的成長才是最重要的，放棄世俗的一切，遁入修道院或空門。

有些人則極盡聲色犬馬之能事，鎮日追逐感官的快樂。

到底哪一種定義才是成功的真諦？筆者認為成功應該是滿足快意的人生，能夠充分發揮潛能、身體健康、心情愉快，有不枉此生之感。詳考眾多定義，泰半無法容許我們發揮所有的天賦，但贊成者辯稱，人必須有所犧牲，有所選擇。

人固然無法什麼都要，但發揮天賦不在此限。生命密碼告訴我們，人有天賦就能夠帶來財富，而且透過不斷的學習和改進，不但情場得意、精神充實、身體也健壯。但是你必須先採取許多必要步驟，才能享有這一切。

我們應該將天賦融入我們所做的每一件事當中，視之為我們的目標和天命，完成生而學習，這是成功人生的第一步，也是生命密碼所應允的。

這樣的生活方式能使免疫系統健全，身體強健。同時人體也會產生肉眼見不到的振動來影響環境。身體散發的能量會吸引能量相似的人與事件前來。控制得宜的話，我們就能控制來到我們身邊的機會和人了。能量越強，引力越強，心願和成就之實現也就指日可待了。

乍聽之下很簡單，但我們要練習才能產生正確的振動。因此必須先研究能量與日常生活之關係，以及傾聽身體的需要。身體會告訴我們攝取何種食物，該有何種想法，該交什麼朋友，做多少運動，住什麼地方，真正的性需求為何，人生的一切細節都含括在內。天下沒有兩個相同的個體，唯有身體能決定個體的需要。謹遵身體之囑咐，能量就會銳不可當，潛能才得以充分發揮。

然而成功並非一蹴可幾，它不是目的，而是過程。走在成功的道路上要時時留意「路標」——人生的巧合。古人認為事出必有因，非關巧合。如果我們能找到這個因，就能趨吉避凶，實現理想。

現代科學的多項新發現顯示古人的想法有道理。身體的能量和發生在我們周遭的事物有關。我們每一次呼吸都牽動了宇宙的運行。如果真是如此，那麼成功的最後一個步驟就是敏於體察周遭的一切，解讀巧合的意義。巧合揭露了人生之奧妙、身體之祕密，給我們學習和改變的機會。能夠解讀巧合的意義即可跨越極限，到達顛峰，這就是通往成功的奧妙途徑。

生命密碼的大同世界

生命密碼之目的是帶領我們邁向最美妙的人生。不論命數為何，人人都有成功的機會。當然每個人對「成功」的定義不盡相同，但生命密碼告訴我們，最終的成功到底是什麼。

成功的最高境界與描述卓越數的成功相符合。然而任何數字的組合都能有卓越的成就。事實上，卓越數無法保證你比較能發揮天賦，正如所有人一樣，都要努力耕耘，將天賦發揮到極致，任何數字的人，只要能將天賦的組合充分運用提升，通過卓越數創造新世界的考驗，你就達到了卓越數的境界。卓越數的挑戰在於殫精竭慮，充分運用所長來改善環境，創造新世界，以謀天下千千萬萬人的福祉。

正如天生被賦予特殊的長才一樣，成為你數字的卓越大師也賦予你特殊的使命，生命密碼告訴我們發揮天賦的極致時，就得為神效命了，換句話說，每人的天賦潛能威力無窮，在為上帝差遣時，祂當然賜與你足夠的力量完成任務，改善世界。

改善世界的第一步是找出世界的病根何在。必須要能區分理想和幻想的分際才能做到這一點，這也是達到卓越數目標的基本條件。不為幻象所迷，才不會白花力氣，而能將精力集中投注在有意義的地方。

誰都無法強迫世界改變，改變之初，總是窒礙難行，一旦帶動風潮，改變的速度就會加快。就像爆米花一樣，一開始只有兩、三顆，慢慢地好像所有的爆米花一起爆開來。大家齊心努力，定能眾志成城。

改變世界必先修身養性，有病治病，成為一個身心健全的人，按照自己的天賦來選擇合適的職業。你必須找到可以奉為畢生職志的工作，也就是說這份工作是你命中注定該做的，並能讓你青史留名。以這樣想望，你就無需借助外物來使你快樂。戀愛的對象若能和你一樣樂在工作，你們的愛情必然美滿恆久，因為成熟和快樂是愛情成功的祕訣。

你的快樂能感染這個世界，下一步就是幫助別人和你一樣快樂。如果你自己尚未獲得成就感和快樂，你想改變世界就會事倍功半，以身作則是影響他人的根本之道，旁人見你開心，自然樂意效法。

這就是卓越數的挑戰，改變自己，做他人的榜樣，讓世界更美好。我們應抱持

的生活態度，是把人生當成在執行上帝交代的任務，全心全意致力個人發展，這是實現人生，改變世界的唯一道路。

創造卓越數的世界

世界為何充斥各式各樣的問題，人人各有自己的看法。有人認為是科技發展不足，總有一天，科技能夠遏止污染、解除饑荒、治癒惡疾、防治犯罪。遺憾的是科技不但未能解決上述問題，反而製造了更多的問題。科技賦予人類更大的能力去征服自然，人類卻欠缺成熟的智慧去妥善運用這個能力，結果科技確實帶來利益，卻犧牲了天下人的福祉。

有人認為宗教是救贖之道，只要人人信仰虔誠，心智就會比較成熟。但歷史已經證明宗教無法治國，也治不了沉疴。宗教若是權力過大反而會妨礙人完全發揮潛能。數千年來，多少人假宗教之名，行屠殺人類之實。許多宗教利用人懼怕懲罰和死亡的心理迫人服從，如此徒然逼人反抗而已。人性追求自由正如追求幸福一樣自然，宗教卻不容許自由，深恐自由破壞其控制信徒的威權。

有人訴諸政治來解決當今之問題。但政府固然有保護民眾、解決問題的責任，卻無法保證當權者一定想得到對策。貪污拖垮了政府的辦事效率，因此目前尚無一個國家能解決世界問題，也沒有任何一個行政制度解決得了所有的問題。

筆者認為世界之所以問題重重是因為價值觀錯誤。世人過於珍視沒有價值的東西。例如有人認為金錢極具價值，畢生在錢堆中打滾。金錢固然能購買有價值的東西，本身卻毫無價值。鈔票不能拿來吃、喝或呼吸，也買不到快樂，金錢只是個幻象。人生最珍貴的東西是不花錢或價廉的，如思想、空氣、食物或飲料。在孤島上生活，這些全都可以免費，如同我們的老祖宗一樣。

金錢僅是代表價值的工具，是虛幻的。理論上較昂貴的東西價值較高，但事實上價錢不等於價值。高價買進的或許毫無價值，價值高的東西往往極廉價，甚至免費。

現代社會充斥著說是一回事，做又是另一回事，甚至無形地助長它。金錢若是代表價值，我們並沒有拿金錢去獎勵有道德操守的人。我們說誠實很可貴，但偷、搶、騙的人卻比誠實的人富有。雖說不道德的人或許寢不安枕或無法盡情享受人生，但這個社會卻出現以代表價值的金錢回饋給貪贓枉法的人。金錢代表價值，當今看待金錢的態度便形成問題根源，只要金錢能反映真正的價值，許多問題自然瓦解冰消。且看運用這個觀念會產生什麼結果。

環境

現代經濟認為地球的資源取之不盡、用之不竭。為了賺錢，人們不知節制地汲取資源。能迅速大量地將自然資源製造成熱門產品，就可大發利市，但地球因此遭到污染，資源枯竭。社會獎勵開發謀利，環境卻深受其害。

其實自然環境才是世上最重要的東西，地球資源有時而盡，忍耐也有限度。大自然提供我們生存的條件，少了純淨的空氣、水、泥土來栽種糧食，動物將無以為生。環境破壞和污染的真正原因是金錢作祟。

環保人士透過抗議等活動來提升環保意識，盼望情況能改觀。政府通常施以罰鍰和環境控制措施來拯救地球，卻阻止不了環境破壞。

阻止污染的唯一途徑是珍惜環境。環境若是世上最貴重的東西，污染環境和破壞環境便是最昂貴的行為。就商品而言，對環境影響最大的，就是最昂貴的商品，不在於它製造過程多麼困難或多麼罕見。假如商品價格將回收成本和修復地球的損害成本包含在內，相信業者一定會改為製造不影響環境的產品。如果飲料罐比金條還貴，我們會將之任意棄置街頭嗎？

人類不重視環境的主要原因之一，是數千年來人類生活之目的就是求生存，生存的基本需求並無保障。「適者生存」的心態影響政治、宗教、科學的發展。

除了適者生存之外，大自然還有一個保存和回收的循環過程。雖然獅子和狼這類掠食者獵殺動物維生，但牠們總以病弱的動物為目標，因此健康的動物生存的機會提高了。掠食者成了生命循環的一個環節，證明大自然珍視高品質的生命延續。

人類的環境與大自然正好相反。人需要錢才能生存，但錢的價值奠基於「物以稀為貴」和政府的決策。因此人凌虐環境，搜括所有稀罕的東西來換錢。因此人和人之間為了錢彼此殺戮，破壞環境。目前尚無其他方法保證獲得財富和生命。善於破壞者荷包飽飽的，又能說服他人，難怪地球資源日益枯竭。

阻止環境破壞需要一個極為強勢的政府，能改變金錢的價值，適度課稅，包含

回收、彌補環境傷害、棄置等成本在內。珍惜環境造成生活方式改變，因為許多便利的物品價格提高了。但是這樣做很值得。反正生活的品質並非取決於便利品和金錢的多寡。金錢若能反映真正的價值，像誠實及道德情操都列入規畫，生活品質自然會提升，而每個人也會致力於內在成長，使天賦得以發揮，心智趨近成熟，因為社會珍視它的價值。

政府

政府的角色若是發掘、開發、提升每個個體的真正潛能，當今的世界一定健全多了。政府應該重視人的潛能，放鬆箝制，激發出人性最好的一面。控制過嚴無疑遏止人的成長。所以政府的職責應該是開發規畫人的天分。

首先，政府的職位，亦即公職，應享最優渥的待遇，才能吸引精英來投效，造福人群，不光是為私人企業謀福利。其實亞洲一些國家如日本、新加坡等就是公職享高薪，大大提升了經濟和生活水平。安定和實力就是這些國家成功的主因。

任公職的資格應以學業成績和表現為基礎，不是靠關係。不要將公家職位當做鐵飯碗，最好職員也有分紅的權利，職員才會努力工作，提供高品質的服務。

投票權不應只限定達到法定年齡即可，應要求投票者具有某種程度的學識，先參加測驗，證明心智夠成熟，懂得質疑，頭腦清晰才可以投票。這樣政客就無法再說一套、做一套了，因為選民的智慧和經驗可能還勝一籌呢。如此做下的決策才會合理、實際。柏拉圖倡導的民主政治就是將投票權交給受過高等教育、心理成熟、能質詢政客和政策的人。

在運動界，大家都接受訓練有素的裁判才能評選最佳運動員，唯有專家才能準確判斷運動員的表現優劣。試想，讓觀眾一起票選，豈不淪為宣傳競賽，降低比賽的素質，當選的運動員或許人緣佳，運動技術不一定是一流的。政治也是一樣，但將運動界的做法運用到政治選舉，多數的人會覺得不公平。

人人都有投票權的現代制度很危險，智慧和教育水準因人而異，容易受政客操縱，造成政府素質低落。更糟糕的是現代制度不欣賞苦幹實幹的人，懂得作秀的人反而大行其道。埋首苦幹型的人只好遠離政府，到他處另求發展。

公司制度

金錢若要反映真正的價值，員工也應該分享公司賺得的利潤，月薪也應隨公司盈虧而起伏。如此員工才會像合夥人以公司興亡為己任，為公司賣命。傳統的公司是老闆獨承一切風險，獨享一切營收，這樣不合實際，因為營收是員工努力賺來的。

新的制度不是共產主義的同酬不同工，而是利益分享的安排，做一分工，拿一分錢。公司營收減少，員工相對減薪。公司賺錢，利益與員工均分。

如此一來，員工會互相督促，嚴格控制工作品質，員工較有成就感，因為他們可以感到成功掌握在自己手中，不再任老闆奴役，使得富者越富，貧者越貧。這套制度冷卻了員工想當老闆的欲望，使他們更謙虛，了解到團隊合作才有成功可言。利益共享制度是個雙贏的安排，想自己創業的人當然不是非如此做不可，但是公司一定要施行這些工作標準，保障這些新的人權。

醫療行業

俗語說預防勝於治療，但今日觀之不見得正確。如果沒有病痛，醫生都要沒飯吃了。也就是說醫療人員看出疾病的價值，預防保健反而毫無價值可言。因此自然療法和疾病預防威脅了醫生的生計。如果社會真的重視健康，醫療行業就會財源廣進。

古中國即是如此，達官貴人聘請醫生定期健診、調理飲食、紓解壓力、以補藥強身，所以不易患病。如果一患病，表示醫術不精，治療一切免費。社會如果真的重視身體健康，應花錢做預防工作，醫療則免費。

婚姻制度

婚姻美滿和家庭安定最需要心理成熟。社會應重視心理成熟度，而不是達到法定的婚姻年齡即任其婚配。最好是要求情侶在婚前參加成熟度測驗，通過者方得成婚，不及格者必須參加特殊的教育課程，提升成熟度，如此婚姻才會和諧。

教育制度

今日之世界充斥著因一輩子沒有機會充分發揮潛能而不快樂的人。多數的人難得發掘本身的天賦或盡情發展有興趣的技巧。女性的遭遇更悽慘，被迫在家相夫教子。現代社會不重視天生的能力，不尊重個別差異。並不是所有的女性都喜歡主中饋，也不是所有的男性都願意肩挑一家的生計。如果社會重視幸福的話，就會鼓勵個人發掘找出自己的特長，加以開發。

如今的教育制度傳授讀、寫、算的技巧。這些技巧乃求生必備，卻對真正的生活品質無益。教育的宗旨應該是教導學生學習了解自我的方法。

學校應該像心理諮商中心一般，分析學生的個性和理應開發的天賦。如此一來，每個畢業生都能確切地了解自己的志願何在，充滿自信，享受生活，不需要借助迷幻藥麻醉自己。

學校應該幫助學生掌握心理弱點，灌輸學生正確的人生目標，告訴學生，心理成熟是人生最重要的事。因此學生就會願意畢生發展天賦。具備學習技巧之後，人生便沒有解決不了的難題。每個學生畢業時都是心理健全，成熟穩重，都會歡天喜地，摩拳擦掌，等著改造世界。

這種開放胸襟和挑戰的熱情可使我們心想事成。誠如前文所言，成熟的性格和了解命定的職志是成功人生的要素，不但能改進世界、締結美滿姻緣、改善人際關係、保持身體健康，還能飛黃騰達。只要我們改變觀念，從「頭」開始，一切都不成問題。

美好未來之路

社會若能改變價值觀，即能達到上述境界。然而數千年來的戰亂造就今日的價值觀，說改就改，談何容易。幸而到了我們這一代，自原子彈發明以來，世界大戰之威脅已經減低許多，容許人們省思真實的人生問題和對策。只要和平持續一日，就有改變的契機。

國家圖書館出版品預行編目資料

生命密碼／藍寧仕醫師著.；邱紫穎譯.-初版.-臺北市：
商周出版：家庭傳媒城邦分公司發行, 民97. 08　面；公分.--
（NEW AGE 5）
ISBN 978-986-6571-16-9（平裝）
1.占卜 2.數字
292.9　　97013915

NEW AGE 5

生命密碼

作　　者　藍寧仕醫師（Dr. Dimitrios Lenis）
譯　　者　邱紫穎
總 經 理　黃淑貞
副總編輯　陳美靜
責任編輯　張曉蕊
校　　對　吳淑芳・羅惠馨
發 行 人　何飛鵬
法律顧問　台英國際商務法律事務所 羅明通律師
出　　版　商周出版 城邦文化事業股份有限公司
臺北市中山區民生東路二段141號9樓
電話：（02）2500-7008　傳真：（02）2500-7759
E-mail：bwp.service@cite.com.tw
發　　行　英屬蓋曼群島商家庭傳媒股份有限公司　城邦分公司
台北市104民生東路二段141號2樓
電話：(02)2500-0888　傳真：(02)2500-1938
讀者服務專線：0800-020-299　24小時傳真服務：02-2517-0999
讀者服務信箱：service@readingclub.com.tw
劃撥帳號：19833503
戶名：英屬蓋曼群島商家庭傳媒股份有限公司城邦分公司
訂購服務　書虫股份有限公司客服專線：(02)2500-7718；2500-7719
服務時間：週一至週五上午09:30-12:00；下午13:30-17:00
24小時傳真專線：(02)2500-1990；2500-1991
劃撥帳號：19863813　戶名：書虫股份有限公司
城邦（香港）出版集團有限公司
香港發行所　香港灣仔駱克道193號東超商業中心1樓
電話：（852）2508-6231　傳真：（852）2578-9337
E-mail：hkcite@biznetvigator.com
馬新發行所　城邦（馬新）出版集團
【Cite（M）Sdn.Bhd.】
41, Jalan Radin Anum, Bandar Baru Sri Petaling,
57000 Kuala Lumpur, Malaysia
電話：（603）9057-8822　傳真：（603）9057-6622
印　　刷　韋懋印刷事業股份有限公司
總 經 銷　高見文化行銷股份有限公司
電話：（02）26689005　傳真：（02）26689790　客服專線：0800-055-365

ISBN 978-986-6571-16-9　Printed in Taiwan

1997年10月初版
2020年11月3日二版15.6刷　定價／280元

廣 告 回 函
北區郵政管理登記證
北臺字第000791號
郵資已付，免貼郵票

104 台北市民生東路二段141號2樓

英屬蓋曼群島商家庭傳媒股份有限公司城邦分公司 收

請沿虛線對摺，謝謝！

書號：BX0005X 書名：生命密碼

請於此處用膠水黏貼

讀者回函卡

不定期好禮相贈！
立即加入：商周出版
Facebook 粉絲團

感謝您購買我們出版的書籍！請費心填寫此回函卡，我們將不定期寄上城邦集團最新的出版訊息。

姓名：＿＿＿＿＿＿＿＿＿＿ 性別：☐男 ☐女

生日：西元＿＿＿＿年＿＿＿＿月＿＿＿＿日

地址：＿＿＿＿＿＿＿＿＿＿

聯絡電話：＿＿＿＿＿＿＿＿ 傳真：＿＿＿＿＿＿＿＿

E-mail ：

學歷：☐ 1. 小學 ☐ 2. 國中 ☐ 3. 高中 ☐ 4. 大學 ☐ 5. 研究所以上

職業：☐ 1. 學生 ☐ 2. 軍公教 ☐ 3. 服務 ☐ 4. 金融 ☐ 5. 製造 ☐ 6. 資訊
☐ 7. 傳播 ☐ 8. 自由業 ☐ 9. 農漁牧 ☐ 10. 家管 ☐ 11. 退休
☐ 12. 其他＿＿＿＿＿＿＿＿

您從何種方式得知本書消息？

☐ 1. 書店 ☐ 2. 網路 ☐ 3. 報紙 ☐ 4. 雜誌 ☐ 5. 廣播 ☐ 6. 電視
☐ 7. 親友推薦 ☐ 8. 其他＿＿＿＿＿＿＿＿

您通常以何種方式購書？

☐ 1. 書店 ☐ 2. 網路 ☐ 3. 傳真訂購 ☐ 4. 郵局劃撥 ☐ 5. 其他＿＿＿＿

您喜歡閱讀那些類別的書籍？

☐ 1. 財經商業 ☐ 2. 自然科學 ☐ 3. 歷史 ☐ 4. 法律 ☐ 5. 文學
☐ 6. 休閒旅遊 ☐ 7. 小說 ☐ 8. 人物傳記 ☐ 9. 生活、勵志 ☐ 10. 其他

對我們的建議：＿＿＿＿＿＿＿＿＿＿

＿＿＿＿＿＿＿＿＿＿

＿＿＿＿＿＿＿＿＿＿

【為提供訂購、行銷、客戶管理或其他合於營業登記項目或章程所定業務之目的，城邦出版人集團（即英屬蓋曼群島商家庭傳媒（股）公司城邦分公司、城邦文化事業（股）公司），於本集團之營運期間及地區內，將以電郵、傳真、電話、簡訊、郵寄或其他公告方式利用您提供之資料（資料類別：C001、C002、C003、C011 等）。利用對象除本集團外，亦可能包括相關服務的協力機構。如您有依個資法第三條或其他需服務之處，得致電本公司客服中心電話 02-25007718 請求協助。相關資料如為非必要項目，不提供亦不影響您的權益。】

1.C001 辨識個人者：如消費者之姓名、地址、電話、電子郵件等資訊。
2.C002 辨識財務者：如信用卡或轉帳帳戶資訊。
3.C003 政府資料中之辨識者：如身分證字號或護照號碼（外國人）。
4.C011 個人描述：如性別、國籍、出生年月日。

請於此處用膠水黏貼